ワクワクしながら
子どもが育つ

千葉大学教育学部附属特別支援学校の「遊びの指導」とは

|編著| 真鍋 健・菅原 宏樹・名取 幸恵
| 著 | 千葉大学教育学部附属特別支援学校

はじめに

千葉大学教育学部附属特別支援学校は、知的障害の児童生徒を対象にした学校で、令和５（2023）年度に創立50周年を迎えました。この記念すべき年度に、本校のこれまでの特色ある取り組みの一端を上梓いたします。

本校の特色の一つに、創立間もない頃から現在に至るまで取り組んできた「各教科等を合わせた指導」を挙げることができます。毎年度開催している本校の公開研究会には全国の皆様から参加申込をいただいています。このことは本校の「各教科等を合わせた指導」への関心の高さを反映しているものと思っています。

「各教科等を合わせた指導」には「遊びの指導」「日常生活の指導」「生活単元学習」「作業学習」等が含まれます。これらのうち「遊びの指導」に焦点をあてたのが本書です。着想の背景には、本校では「遊びの指導」の教育上の有効性に着目し、現在に至る長年に渡り取り組んできたことがあります。「遊びの指導」についての本校の豊富な経験、それに基づくノウハウを全国の皆様と共有させていただくことで、皆様が知的障害の児童生徒を対象にした授業を立案・実践される際にご参考・ご活用いただければ幸いと考えました次第です。同時に、本校の「遊びの指導」は完成形ではなく、時代とともに進化させる必要性があると常に意識しています。改善に向けたアイデア・コメントを皆様からいただけると幸いという思いもあります。

本書の内容･構成について簡単に紹介します。まず「遊びの指導」について、定義･意義等、基本的事項について丁寧に解説をしています。すなわち本書を「遊びの指導」の入門書としてご活用いただくことも意識した内容・構成としています。続いて本校の「遊びの指導」を詳細に紹介する流れになっています。まず変遷をたどり、次に授業づくりのノウハウを具体例とともに紹介しています。「遊びの指導」を実践に導く上での組織づくりの工夫・留意点についても述べています。さらに、授業で使用した遊具を具体的に紹介したり、「遊びの指導」についてよくある質問とその回答も記載したりする等、「遊びの指導」の実践にご活用いただくことも意識した内容・構成としています。皆様には、本書を「遊びの指導」の入門書そして実践書としてご活用いただけると幸いと考えています。

最後に、本書の執筆・出版にお力添えいただきました関係各位に心より感謝申し上げます。

2024年3月15日

千葉大学教育学部附属特別支援学校

校長　辻 耕治

目　次

はじめに

第１章　特別支援学校の「遊びの指導」とは

第２章　「遊びの指導」の授業づくり　－千葉大附属の実践から－

第３章 「遊びの指導」の実践を導くための「組織づくり」とは

第４章 遊具集・事例集

第 5 章　「遊びの指導」Q & A

第 1 章

特別支援学校の「遊びの指導」とは

第1節

学習指導要領による定義

1. 各教科等を合わせた指導

知的障害のある子どもを対象とした特別支援学校の教育課程の一つに、遊びの指導があります。遊びの指導は、生活単元学習、作業学習、日常生活の指導といった「各教科等を合わせた指導(以下、本書では基本的に「合わせた指導」と表記)」の一つです。合わせた指導について、学習指導要領解説には次のように記述されています。

> 知的障害者である児童生徒に対する教育を行う特別支援学校においては、児童生徒の学校での生活を基盤として、学習や生活の流れに即して学んでいくことが効果的であることから、従前から、日常生活の指導、遊びの指導、生活単元学習、作業学習などとして実践されてきており、それらは「各教科等を合わせた指導」と呼ばれている。
>
> 特別支援学校学習指導要領解説　各教科等編（小学部・中学部）

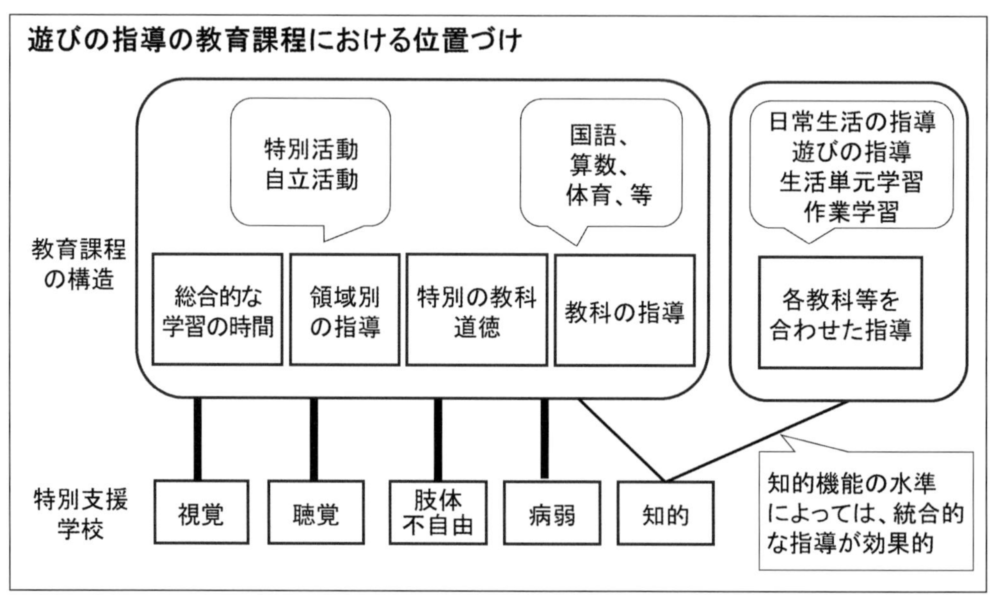

図 1-1　特別支援学校における教育課程の構造

このように、合わせた指導とは、知的障害のある子どもが意欲をもって主体的に学習できるように、遊びや作業などの「活動」を設定し、その「活動」への主体的な参加を通じて、教科等の内容を学べるようにするための授業の形態と捉えることができます。この法的根拠は学校教育法施行規則第130条第2項に記されています。

知的障害や複数の種類の障害を併せ有する子どもを教育する特別支援学校では、より効果的な教育を行うために、教育課程において合わせた指導を行うのか、教科別の指導を行うのかを選択することになります。

2. 遊びの指導

遊びの指導は、学習指導要領解説において次のように記述されています。

> 遊びの指導は、主に小学部段階において、遊びを学習活動の中心に据えて取り組み、身体活動を活発にし、仲間とのかかわりを促し、意欲的な活動を育み、心身の発達を促していくものである。（中略）遊びの指導では（中略）場や遊具等が限定されることなく、児童が比較的自由に取り組むものから、期間や時間設定、題材や集団構成などに一定の条件を設定し活動するといった比較的制約性が高い遊びまで連続的に設定される。
>
> 特別支援学校学習指導要領解説　各教科等編（小学部・中学部）

遊びの指導を実施する上での留意点として、次の５点が示されています。

> (ア) 児童の意欲的な活動を育めるようにすること。その際、児童が、主体的に遊ぼうとする環境を設定すること。
> (イ) 教師と児童、児童同士の関わりを促すことができるよう、場の設定、教師の対応、遊具等を工夫し、計画的に実施すること。
> (ウ) 身体活動が活発に展開できる遊びや室内での遊びなど児童の興味や関心に合わせて適切に環境を設定すること。
> (エ) 遊びをできる限り制限することなく、児童の健康面や衛生面に配慮しつつ、安全に遊べる場や遊具を設定すること。
> (オ) 自ら遊びに取り組むことが難しい児童には、遊びを促したり、遊びに誘ったりして、いろいろな遊びが経験できるよう配慮し、遊びの楽しさを味わえるようにしていくこと。
>
> 特別支援学校学習指導要領解説　各教科等編（小学部・中学部）

このように、遊びの指導では、「主体性」「児童同士の関わり」「身体活動」「制限しない環境づくり」「楽しさを味わう」などがキーワードとなっていることが読み取れます。

また､成立後まもなくして発行された「遊びの指導の手引き」（文部省, 1993）には、生活科や他の教科での遊びと遊びの指導との違いについて、次のように示されています。

> 遊びの指導は（中略）各教科の内容を遊び化して教えるということではない。本質は、自発的な活動自体を楽しむ活動として展開されていく中で、各領域、各教科の内容が様々な形で統合されて指導される指導の形態なのである。

以上、いくつかの記述を受け、先の合わせた指導の定義も踏まえて考えると、遊びの指導とは、子どもが主体的に活動するため、「遊び」を授業の中心に据え、子どもが主体的に遊ぶことを通じて、教科等の内容を含む様々な事柄を学べるようにする指導の形態であると言えるでしょう。

本節では学習指導要領解説にある定義を簡潔に紹介しました。本章では続いて、現在の全国的な実施状況、成立の歴史的な経緯、成立直後から続く課題、子どもにとっての意義など、様々な角度から遊びの指導について見ていきます。

第2節

全国的な実施状況

1. 調査の概要

全国の特別支援学校では、どのような遊びの指導の授業が行われているでしょうか。平成30(2018)年に行われた調査の結果を見てみます（菅原・真鍋, 2023)。調査は小学部を設置している全国の知的障害を対象とする特別支援学校やその分校・分教室を対象に行われました。小学部の教育課程編成に関わる教師1名に対して、遊びの指導の実施の有無、形態、場所、規模など実施の状況に関することと、遊びの指導で難しいと感じることや重要だと思うことについて回答を求めました。表1-1に調査の詳細を記します。

表1-1 調査の概要

実施年度	平成30(2018) 年度
対象校	知的障害を対象とする特別支援学校及び分校・分教室のうち小学部を設置している学校。複数の障害を対象とする総合支援学校を含む。
調査方法	郵送法
回答者	小学部の教育課程編成に関わる教師1名
対象授業	遊びの指導及び遊びを中心とした生活単元学習
調査内容	実施状況及び実施に当たっての授業についての考え

2. 調査結果

(1) 返答率・実施率

本調査は、小学部を設置する知的障害を対象とする特別支援学校632校に質問紙を配布し、46.4%(293校)から有効な返答が得られました。返答のあった学校のうち89.4%(262校）において遊びの指導が実施されていました。これらの結果から、2018年度の時点においても比較的高い割合で実施されていることが読み取れます（図1-2、1-3)。

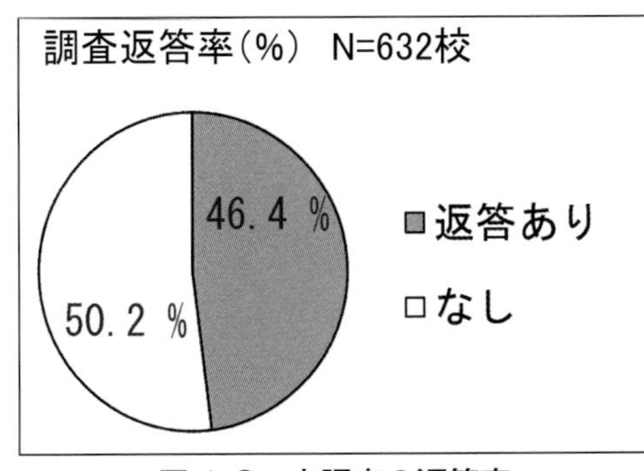

図1-2 本調査の返答率

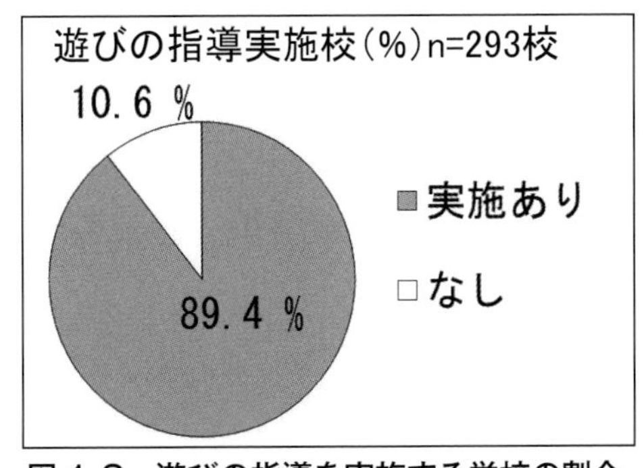

図1-3 遊びの指導を実施する学校の割合

(2) 実施状況

1) 概要

遊びの指導の代表的な授業のタイプとして次の (i)～(v) を想定し、勤務校での授業に近いものはどれかを求めました（複数回答)。

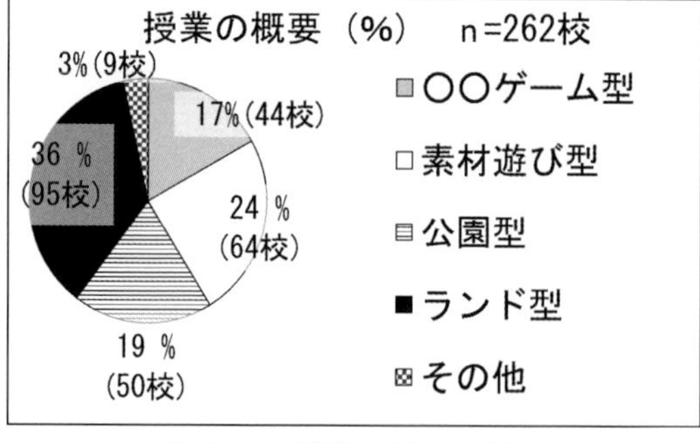

図 1-4　授業の概要の割合

(i) ○○ゲーム型：教室で椅子取りゲームをする、校庭でリレーゲームをするなど一定のルールの下で活動する。

(ii) 素材遊び型：教室で段ボールを扱って遊ぶ、校庭の砂場で遊ぶ等、授業において扱う題材を定めて、それを用いて遊びを展開する。

(iii) 公園型：校庭や公園に設置された遊具・器具で活動する。

(iv) ランド型：特別教室（プレイルーム）や体育館、グラウンドなどに複数の手作り遊具・器具を設置して遊ぶ。

(v) その他：いずれにも当てはまらない場合。

回答の結果、最も多いのは「ランド型」の 36% (95 校) で、続いて「素材遊び型」の 24% (64 校)、「公園型」の 19% (50 校)、「○○ゲーム型」の 17% (44 校) でした。「その他」は 3% (9 校) で、備考欄の記入によると、水遊びや雪遊びなどを行う学校が多いようでした。遊びの指導の多様性に富んだ実施状況が読み取ることができます (図 1-4)。

2) 活動形態－課題遊びか、自由遊びか－

授業を教師が主導する「課題遊び」、子どもが主導する「自由遊び」、またはその両方の形態をとり「課題遊びの方が自由遊びよりも多い」「自由遊びの方が課題遊びよりも多い」のいずれに当てはまるかを問いました。4 つの回答で最も多いものは「課題遊びの方が自由遊びよりも多い」で 34.0% (89 校)、続いて「自由遊びの方が課題遊びよりも多い」で 29.4% (77 校) でした。いずれの項目もおおよそ 15 ～ 30%の間で、概要についての調査結果と同様、この結果からも遊びの指導の多様性に富んだ実施

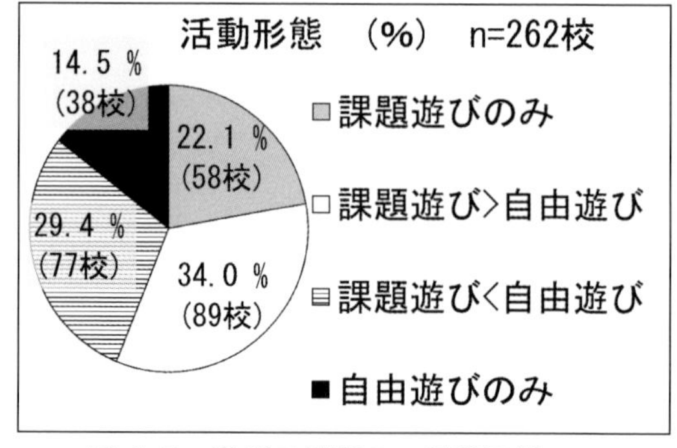

図 1-5　遊びの指導の、授業形態
（自由遊び－課題遊び）の割合

状況が読み取れます（図 1-5）。

3）規模

この項目では、遊びの指導を行う際に学級ごとか、学年ごとか、といった実施規模について回答を求めました。その結果、複数の学年で行う場合が 37.9%（92 校）と最も多く、「学級ごと」、「学年ごと」に行う場合がそれぞれ 23.8%（66 校）、22.3%（59 校）とほぼ同じ割合であり、「学部全体」で行う場合が 15.9%（45 校）でした。これらの回答からは、遊びの指導は半数以上が学級を交えて実施している傾向が読み取れます。

4）日課表での扱い

遊びの指導が日課表の中で帯、つまり月曜から金曜まで同じ時間に毎日設定されているか、またはコマ、つまり月曜日の 10:00 ～ 11:00、水曜日の 13:00 ～ 13:30 というように週の中で曜日や時間を決めて行われているかについて回答を求めました。その結果、帯が 33.2%（87 校）、コマが 66.8%（175 校）でした。

5）場所

この質問は複数回答を認めました。授業を実施する場所は、特別教室が 29.1%（154 校）、教室が 23.4%（124 校）、体育館が 15.9%（84 校）、校庭が 23.6%（125 校）でした。特別教室がホール、プレイルームなど比較的広い場所を含むと考えれば、遊びの指導ではやはり広い場所を求めていることがわかります。

6）目標

この質問は複数回答（全 563 の回答）を認めました。授業における学習の目標については、認知、運動など発達に関することが 32.9%（185 校）、意欲等情動に関わることが 28.8%（162 校）、遊ぶこと自体が 24.5%（138 校）とほぼ同様の割合で、教科等の目標を設定する割合は 11.4%（64 校）でした。回答では多くの学校が複数の選択肢にチェックを入れました。このことから、各校の遊びの指導では、限定的な目標の達成を求めるというよりは、多様な面における成長が期待されているものと推察できます。なお調査を行った時期は学習指導要領の改訂前であり、本書発行の時点では、教科に関する目標を設定する学校の割合が増えている可能性もあります。

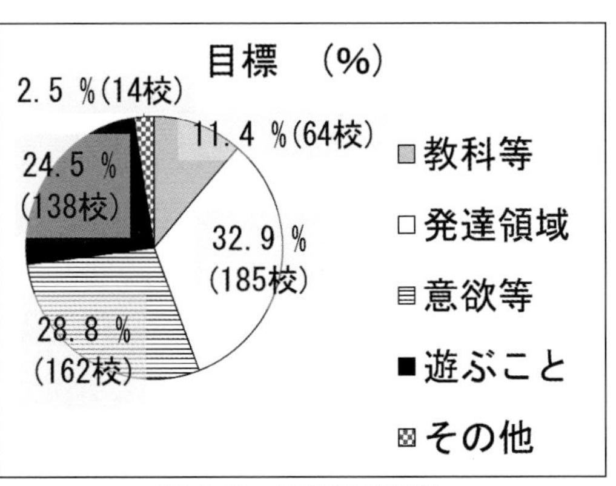

図 1-6　設定する目標

第3節
遊びの指導の成り立ち

1. 黎明期：昭和 37（1962）年頃

遊びの指導が学習指導要領に定められる以前の知的障害教育の状況について、簡単に見てみます。昭和 38（1963）年、日本で初めて学校における知的障害教育を規定した養護学校の学習指導要領[※1]が制定されました。これに先駆けて、昭和 32(1957) 年に制定されていた盲学校および聾学校の学習指導要領は文部省告示という形でしたが、歴史の浅く学校数も 30 校程度と少ない養護学校に向けた学習指導要領は「とりあえず」事務次官通達という形で世に出ました（文部省，2001）。なお、この学習指導要領においては、対象となる子どもの知的水準は IQ50 ～ 60 程度と想定されていました。これは障害の程度としては、障害の水準は中度から軽度であり、当時は障害のある子ども全員の就学は適わず、少なくはない数の子どもが就学免除で学校に通っていない、という状況が反映されています。

昭和 38（1963）年版の学習指導要領の成立の背景には「教育内容を他の校種と同様に教科で示すか、知的障害の特性に合わせ領域で示すか」という論争がありました。議論の結果、教育内容は条件付きで教科で示すということになりました。その条件とは、教科の内容を知的障害のある子どもに適した内容にすること、授業は各教科を合わせて行うことができるようにすることの 2 点でした。そこには、「物事を分析，総合するなどの知的能力の弱さに対し，教育内容を細かく教科別に分けることは不適当であり，未分化なかたちで具体的生活に即したものにしなければならないことの必要性がある」という考えがありました（木村，2006）。

こうした知的障害教育の有り様は、知的障害のある子どもが学習において何を目指すべきか、そのためにどのような方法で学べば良いかを議論した結果と言えます。これは現在の「各教科等を合わせた指導」等の知的障害教育につながっており、子どものありのままの経験や、そこにある学びを大切にする、といった千葉大学教育学部附属特別支援学校の遊びの指導についての考えの源流とも言えるでしょう。

2. 成立期：昭和 48（1973）年から平成初期

昭和 48（1973）年、法令[※2]において養護学校の義務化が 6 年後の昭和 54（1979）年に定められました。この 6 年間で学校数は徐々に増加し[※3]、それまで就学を免除されていた比較的重度の障害のある子どもたちが学校に通い始めました。その結果、学校現場では既存の授業をそのまま続けることが難しくなり、その対応に迫られるようになりました。

これを受け、昭和54（1979）年版の学習指導要領の改訂では、訪問教育に関する特例の制定やそれまで重度・重複児の教育を担っていた児童福祉施設との連携に加え、生活単元学習の指導の一つとして遊びに関する事柄が取り上げられました。指導要領では「近年、対象児童生徒の重度化に伴い、主として小学部の児童を対象に遊びを生活単元のように組織して指導する試みがなされている」と述べられています。そして続く平成元年版の学習指導要領では領域・教科を合わせた指導の一つの形態として、主に小学部段階の子どもを対象とするものとして、「遊びの指導」が記されるようになりました。その後、平成5（1993）年には文部省から『遊びの指導の手引』が出版され、各地・各校で多様な取り組みがなされるようになりました（実践事例集編集委員会，1991）。

以上の状況をまとめると、遊びの指導の成立は知的障害教育における重度化への対応の一つであったと言うことができます。合わせた指導では、知的障害のある子どもの特性に応じ、教育内容をより生活に根差した形で学べるようにするために、各教科や領域の内容を生活単元学習や作業学習という授業で、合わせて扱えるようにしたものです。学校現場の子どもの知的水準の変化に伴い、より幅広い子どもにとっての「生活に根差した」活動として、幼児教育を手本として遊びの指導が成立したというわけです（佐藤・米田，2017）。なお、各校においては、遊びの指導と生活単元学習は明確に区別されず、教育課程上の位置づけは生活単元学習としながら、遊びの指導と同様に遊びを主とした授業を行う学校も多くありました（金子，2002；文部省，1993）。

第2章第1節で後述しますが、千葉大学附属養護学校（平成19（2007）年より千葉大学教育学部附属特別支援学校に改称、以下本書では、いずれについても「本校」あるいは「千葉大附属」と記載する。）でも、昭和54（1979）年頃から小学部で遊びを中心とした生活単元学習が行われるようになり、平成26（2014）年度より、それが遊びの指導として位置づけ直されました。

【注】

※1 養護学校小学部・中学部学習指導要領精神薄弱教育編および養護学校小学部学習指導要領肢体不自由教育編ならびに病弱教育編

※2 学校教育法中養護学校における就学義務及び養護学校の設置義務に関する期日の施工期日を定める法令

※3 1973年には154校だったが、1979年には400校に増加した。背景には文部省の養護学校の整備5か年計画があり、1969年から、毎年18校ずつ開校され、全国に拡充されていった（水口，2002）。

第4節
遊びの指導の課題

1. 成立直後の議論

全日本特殊教育連盟（以下、全特連と記載）が主催する全国大会では、授業実践の発表と協議が教育課程ごとに分科会形式で行われていました。平成元（1989）年に生活（遊び）として分科会が行われ、その翌年には遊びの指導の分科会が行われるようになりました（全特連, 1989）。分科会では自由遊びを主とした実践、課題遊びを主とした実践、重度重複学級での実践など多様な実践が紹介され、それをもとに協議が行われました。協議の中で繰り返し議論されたトピックの一つに「遊び」と「指導」のバランスの難しさがありました。例えば遊びに重点を置く実践に対しては「楽しければ良いのか、授業である以上何を学んだかを最前に意識すべきではないか」という意見が述べられる一方、指導に重点を置く実践に対しては「子どもにとって授業が遊びでなく、課業になっている」というような意見が述べられる、というようなものでした（全特連, 1992；1994 等）。これについて、協議会の助言者であった金子健氏から「離れて思い、忘れて行う」として、「子どもたちがいないところでは教材教具についていろいろ考え、悩み、思い、そして子どもたちを前にすれば何もかも忘れて夢中になって活動する。楽しさは大前提だが、発達を促すという視点は落としてはいけない」（全特連, 1993）というように、双方のバランスを重視する助言がなされました。しかし、参観者の中には「遊びの指導の捉え方において、遊びに力点を置く捉え方と、指導に力点を置く捉え方があり、その微妙なズレが討議の中でかみ合わないものを残す」といった意見を述べる者もおり（全特連, 1994）、参観者の戸惑いは簡単に拭えるもではなかったと推察されます。

2. 「遊び」と「指導」をどう両立させるか

こうした状況は現在もなお続き、各校では遊びの指導は「難しい」という声が聞かれます（癸生川・郷右近・野口・平野, 2003）。進藤・今野（2015）は、調査研究によって遊びの指導の実施経験がある教師の、遊びの指導に対する意識を明らかにしています。その中では教師が抱える困難に関して、「遊びの指導において何を目指すべきなのか」「子どもの自由な遊びをどこまで認め、どこまで教師が指導するか」「子どもが遊べるようになっても、何か技術を獲得したといった、目に見える変化がないと、ただ遊んでいただけとも感じられる」「教師の意図や計画の範囲の行動しか想定されない授業は、子どもにとって遊びと言えるのだろうか」といった、「遊び」や「指導」についての指標のなさ、そしてそれらを両立することの難しさがあったことを指摘しています。

「遊び」と「指導」について言語化され、実践上の課題として扱われた事例として、櫻田・武田（2018）が挙げられます。櫻田ら（2018）では遊びの指導を行う教員集団が意識変革を行い、子どもが主体的な遊びを通じて学びを得ること、そのためには教師の主導性を抑え子どもの遊びを重視することが必要になることを、気付き、共有していく過程が報告されています。その中で、教員が集団として授業についての考えを形成していく際には教員同士の語り合いが重要であることが指摘されています（櫻田・武田，2018）。

他にも高田屋・小山・清水（2018）では、遊びの指導における教員研修プログラムの開発を行い、「児童側のめあてである『存分に遊ぶこと』を達成しつつ、教師側は児童の『遊びの発展』や『人間関係の広がり』について児童の実態を踏まえたねらいを設定し、指導に取り組んでいくことの重要性が確認された」と述べており、「遊び」と「指導」の両立のためには子どもの「めあて」に注目することが重要であると考えていることがうかがえます。

平成29（2017）年に告示された新学習指導要領において、遊びの指導を含めた合わせた指導では授業の中で扱われる教科等の内容が不明瞭なことが多く、授業で扱う教科等の内容や育みたい資質・能力を明確にすべきだと指摘されています。遊びの指導において扱われる教科を明確にすることが求められています。

教科等の内容や目標がこれまで以上に強く意識されることで、教師の意図、つまり「指導」にあたる部分が授業において一層強く意識されるとすれば、「遊び」と「指導」の両立はますます難しくなるのではないでしょうか。遊びの指導は、学齢期の初期段階の子どもたちにとって、主体性、思考や工夫、十分な運動を引き出すためにふさわしい活動だと考えます。そうした遊びの指導がこれからも意義をもって実践されるためには、「遊び」と「指導」双方を両立するような方法論の確立が求められています。

第5節
遊びの指導の意義

1. 学習指導要領から

(1) 各教科等を合わせた指導を行う意義

遊びの指導は合わせた指導の形態の一つですので、まずは、各教科等を合わせた指導の意義を学習指導要領の記述から読み取ってみます。知的障害のある子どもの学習上の特性として、学習指導要領には「学習によって得た知識や技能が断片的になりやすく、実際の生活の場面の中で生かすことが難しいこと」や「成功経験が少ないことなどにより、主体的に活動に取り組む意欲が十分に育っていないこと」、「抽象的な内容の指導よりも、実際的な生活場面の中で、具体的に思考や判断、表現できるようにする指導が効果的である」ことなどが挙げられます。これらは合わせた指導に限らず、教育課程全般を通じて留意する必要がありますが、他の授業の形態と比べて、合わせた指導は知的障害のある子どもの学習上の特性に配慮することに適した授業の形態であると言えます。他にも、カリキュラム・マネジメントの視点から「なぜ合わせた指導を行うか」という点について研究が行われています。本校では令和元(2019)年から令和2(2021)年の研究で「深い学び」の視点から、その意義を明らかにしようと試みました。

(2) 遊びの指導を行う意義

上記の合わせた指導の意義は、そのまま遊びの指導の意義としても当てはめて考えることができます。これに加えて、合わせた指導の中でも、特に遊びの指導の意義として何が言えるのでしょうか。学習指導要領解説には次のように記述されています。

> 生活科の内容をはじめ、体育科など各教科等に関わる広範囲の内容が扱われ(中略)、また、遊びの指導の成果を各教科別の指導につながるようにすることや、諸活動に向き合う意欲、学習面、生活面の基盤となるよう、計画的な指導を行うことが大切である。
>
> (特別支援学校学習指導要領解説　各教科等編(小学部・中学部), 2018)

> 特に小学部の就学直後をはじめとする低学年においては、幼稚部等における学習との関連性や発展性を考慮する上でも効果的な指導の形態となる場合がみられ、義務教育段階を円滑にスタートさせる上でも計画的に位置付ける工夫が考えられる。
>
> (特別支援学校学習指導要領解説　各教科等編(小学部・中学部), 2018)

以上を踏まえ、遊びの指導の意義を簡潔に述べると、次の4点になります。

①知的障害のある子どもの特性に応じて、主体性を引き出し、実際的な活動を通じて学ぶことができる授業の形態である。
②生活科をはじめとして、広範囲の教科等の内容を扱うことができる。
③就学前段階から就学後の「架け橋」として、義務教育段階を円滑にスタートさせる。
④諸活動に向き合う意欲など、学習面や生活面の基盤を養う。

これらについては、主体性を引き出すことでどのような意義があるのか、就学前からの「架け橋」を担うには何が必要か、学習面や生活面の基盤とは何か、どのように評価できるか等、遊びの指導の意義についてさらに言語化し、それを共有していくことが必要であると考えます。

2.「発達」の観点から

かつてより、「遊び」を、教科等の内容や発達的なスキルを指導するための手段とすることは控えるべき、との意見があります。その理由として、例えば本校では、かつて、以下のような言葉で説明を行ってきており、この立場は現在に至るまで、本校で行う実践の根底に置かれています。

> 遊びを、領域や教科などの内容を指導するための手段と見なし、遊びを露骨に指導しようとすれば、子どもの遊びを規制したり、拘束したりして、遊びから生彩を奪いかねない。言語指導のための遊び、数量指導のための遊びというように、特定の「教育的意図」に沿って遊びを進めようとすると、子どもが遊びを楽しみ、遊びに没頭しにくくなる。
>
> (千葉大学教育学部附属養護学校，1992，P13)

一方で、子どもの興味関心や動機を変えないように気を付けながら、教師が子どもの遊びを後方支援し、適度な形で入り込むことで、遊びが充実・発展し、結果的に様々な発達が引き出されていることも確かです。この点を考えても、大人の側が考える「発達」という側面を、遊びの指導で全く排除してしまうというのも、現実的ではありません。

私たちは、子どもたちが遊んでいる姿から、たくさんの「その子らしさ」を知ることができます。「遊び場をどのように、目や耳、あるいは肌で感じ、受け止めようとしているのか」「とある遊び場や遊具に対して、どのような志向性を持とうとしているのか（向かおうとしているのか）」、そして、「どのようなスキルを持っていて、それを遊び場でどう使おうとしているのか」などです。いずれの内容も、子どもたちの発達状況に紐づいた形で、一人一人異なる実態があります。つまり、個々の発達状況がその子の遊びの姿を導き、逆に遊びの状況がその子の発達の姿を反映するということです。「子どもの遊びから生彩を奪わない」ための工夫を各所に散らしながら、適切な形で「発達」という観点を大人がもつことで、学習指導要領の内容を超えて、以下の意義を遊びの指導に付け加えることもできるはずです。

①「言語・コミュニケーション」「認知」「社会性」など、ばらばらに評価されがちな発達領域を、子どもの興味関心や情動などを巻き込みながら、包括的・総合的に理解すること。
②（教材研究を絶やさない状況下で）特定のスキルに偏らない、多様な発達領域に関わるスキルの獲得と発揮を、子どもの生活の視点から支えることができること。

3.「幼年期」という時期から

「1. 学習指導要領から見えること」と少し重複しますが、ここではあらためて「幼年期」という時期の視点から、遊びの指導の意義を考えます。

幼年期とは、一般的には幼児期から小学校就学直後数年のことを言います。私たちが「幼児期」「学童期」と区別しているのは、あくまで国の学校教育制度に基づくもので、「具体的な経験ベースの生活」から、「抽象的な教科学習を軸とした生活」への移行の区切れとして、本邦では6歳を設定しています。

障害のない子どもたちは、就学前に生活や遊びを中心とした保育カリキュラムの中で、直接的な経験を十分に蓄えて、抽象的な教科学習の世界に突入してくためのレディネス（準備性）を蓄えていきます。一方、障害のある子どもの場合、他の子どもたちとの保育生活において、発達状態や障害特性の影響から、「活動や空間に入ることができない」「内容が難しくて、分からない」「ペースが早すぎる」「興味があるけどうまくできない」という活動参加上の困難を抱えることがあります。こうした困難が慢性的に続いていた場合、「自分で選ぶ」「自分で決める」「自分のペースで遊ぶ」「しっかり遊びこむ」「自分のペースで自分の気持ちと向き合う」などの経験や育ちが十分ではないことがあります。もちろん幼稚園や保育所等で、保育者による配慮を十分に受けてきた子どもたちがいることも確かですが、「友達の後ろ姿を追いかけているだけで、十分に○○ちゃんの『やりたい！』を支えることができなかった。支援学校ではぜひ○○ちゃんのペースで…」という声も多く聞かれます。しかし、6歳を境に、幼児期と学童期という区切れがあることが当たり前の私たちにとって、「学校に入ったんだから、遊びは終わり。お勉強」ということも起こりがちです。

「幼年期」という幼児期プラス学童期前半あたりまでを一体として考えることは、特別支援学校小学部あるいは中学部・高等部のカリキュラム・マネジメントを考えていく上でも、非常に重要です。そして、先に述べた「自分で…」という経験が十分でないまま学童期に入ってくる子どもたちに対しては、教科「生活科」と並んで「遊びの指導」が重要なポジションとなり得ます。

あらためて「幼年期」という時期から見えてくる遊びの指導の意義は、以下の通りです。

①就学前に十分に経験できなかったかもしれない、「自分で選ぶ」「自分で決める」「満足するまで活動する」「自分のペースで行動する」を支えることができること。

②幼児期のカリキュラムと学童期のカリキュラムとを、子ども自身の生活経験や発達の側面から、つなげて考えるためのきっかけとなる。

なお、これらの意義を確認していく際には、特別支援学校の関係者だけではなく、就学前の保育関係者、療育関係者、また生活の舞台を共にする家族らを巻き込んだ議論が必要であり、かつそれは重要な現代的な課題であるように思われます。

【文献】

実践事例集編集委員会（1991）遊びの指導：文部省実験・研究指定校をたずねて．堺屋図書．

癸生川義浩・郷右近歩・野口和人・平野幹雄（2004）知的障害養護学校における“遊びの指導”の現状と課題．保健福祉学研究，2，83-94.

金子健（2002）第 9 章 遊びの指導の施行と確立．全日本特別支援教育研究連盟（編）教育実践でつづる知的障害教育方法史．川島書店．

木村宣孝（監修）（2006）生活単元学習を実践する教師のためのガイドブック「これまで」、そして「これから」．国立特殊教育総合研究所（編）国立特殊教育総合研究所．

水口峻（2002）第 5 章 学級・学校の拡充と教育実践・この時期の特徴と主な出来事． 全日本特別支援教育研究連盟（編）教育実践でつづる知的障害教育方法史．川島書店．

文部省（1993）遊びの指導の手引．慶應通信．

文部省（2001）「学制百年史」
https://www.mext.go.jp/b_menu/hakusho/html/others/detail/1317841.htm.

名古屋恒彦（2018）アップデート！各教科等を合わせた指導－豊かな生活が切り拓く新しい知的障害教育の授業づくり－．東洋館出版．

櫻田佳枝・武田篤（2018）知的障害特別支援学校における自由遊びを中心とした「遊びの指導」についての検討－教育実践に取り組んだ教師へのインタビュー調査から－．秋田大学教育文化学部教育実践研究紀要，40，213-225.

佐藤雅子・米田宏樹（2017）知的障害教育における生活経験としての「遊び」の指導の展開．障害科学研究，41，105-119.

進藤拓歩・今野和夫（2015）知的障害特別支援学校における「遊びの指導」についての教師の意識－「遊びの指導」の意義及び課題を中心に－．秋田大学教育文化学部研究紀要 教育科学部門，70，125-141.

菅原宏樹・真鍋健（2023）知的障害特別支援学校における遊びの指導に関する調査研究－活動形態の違いに着目して－．発達障害支援システム学研究，22（1），43-49.

高田屋陽子・小山高志・清水潤（2018）特別支援学校における教員の授業力向上を目指した研修の在り方に関する検討－「遊びの指導」の充実を図る授業改善プロジェクトの取組を通して－．秋田大学教育文化学部研究紀要 教育科学，73，41-46.

全日本特殊教育研究連盟（1989）第 27 回全日本特殊教育研究連盟全国研究大会 養護学校部会 生活学習分科会報告，発達の遅れと教育，384，62-6.

全日本特殊教育研究連盟（1992）第 30 回全日本特殊教育研究連全国研究大会 養護学校部会 遊びの指導分科会報告，発達の遅れと教育，409，55-57.

全日本特殊教育研究連盟（1993）第 31 回全日本特殊教育研究連全国研究大会 養護学校部会 遊びの指導分科会報告，発達の遅れと教育，421，50-52.

全日本特殊教育研究連盟（1994）第 33 回全日本特殊教育研究連全国研究大会 養護学校部会 遊びの指導分科会報告，発達の遅れと教育，443，57-59.

コラム column 1 発達障害児の遊び、学童期段階の遊びの重要性

自閉スペクトラム症の子どもたちは自分の好きな遊びに熱中する、没頭することがよくあります。こだわりというとネガティブな印象を持たれやすいですが、大人顔負けの集中力で熱中することにより、深い知識を身に付けることができることも多くあります。自閉スペクトラム症の子どもの中には無類の鉄道好きである子が一定数います。鉄道は、電車の種類を覚えるなどの分類的要素、路線図や時刻表などの数学的要素、そして実際に電車に乗ることができるという体験的要素があり、多角的な楽しみに満ちていると言えます。小学校や中学校時代に、または学校を卒業した後に、鉄道といった趣味を介したサークル活動が行われることもあります。

鉄道好きという同じ趣味を通して、話が広がったり、仲間関係が多彩になったりすることは、自閉スペクトラム症であるかに限らず、学齢期の子どもたちに多くみられることです。子どもたちの多くは小学生の頃から同じ遊びを通して、友だちを作ることの楽しさ、同じ楽しみを共有できる喜びを感じます。しかしながら、自閉スペクトラム症の子どもたちは周りの子と楽しみを共有したい、友だち関係を発展させたいと欲するようになる年齢が高く、中学生や高校生の発達段階になって初めて一緒に話をする友だちが欲しいと感じるという報告もあります。友だちが欲しいけれどどうしたら良いのか分からないと戸惑う子どもも多く、孤立感を深める子もいます。学校だけではなく、他の機会として、親の会や療育機関が主催する集まりや、卒業生が定期的に集う会などから友だち関係が発展するということも多くあるようです。その場合、趣味が合ったり、年齢が近かったり、友だちを求める発達段階にある子同士で会ったりするため、友だち関係を築きやすいというメリットがあります。大事なこととしては、特に中学校以降の年齢になると、自閉スペクトラム症の子どもたちも友だちとの関わりを求めることが多くなることを理解することです。そして、その際に子どもにそのスキルを伝えることだけではなく、周りの環境を整えることが重要です。

（宮寺　千恵）

第2章

「遊びの指導」の授業づくり

－千葉大附属の実践から－

第1節
千葉大附属の遊びの指導の「これまで」

本節では、千葉大学教育学部附属特別支援学校が、遊びを主とした授業を行うようになってから、現在に至るまでの過程を記します。過去の経緯を踏まえることで現在の在り様を、より捉えやすくなると考えます。なお、ここに記す1970年代後半から平成25(2013)年までの実践は、教育課程上は生活単元学習として行われていましたが、平成26(2014)年からは遊びの指導として行われるようになりました[※1]。ここではどちらも区別せず「遊びの指導」として表記します。

1. 成立期の試行錯誤：昭和53(1978)～平成2(1990)年頃

第1章第3節「遊びの指導の成り立ち」に記したように、1970年代には昭和54(1979)年の養護学校の就学義務化に伴う学校現場の重度重複化への対応が大きなトピックでした(松矢, 2002)。このような状況は千葉大附属においても例外ではなく、その対応に迫られました。当時、開校して間もなかった1970年代中頃の千葉大附属では、小学部の低学年の生活単元学習において、言語を介した話合い活動や、公衆道徳の理解を目的とした知識の教授などが行われていました。しかし、数年後の昭和53(1978)年、こうした生活単元学習の授業について「単元のすすめ方を、教師がひっぱるのではなく、子どものペースに戻す必要がある」として批判的に振り返りました(紀要4号, 1978)。その結果「子どもの生活と学習が密着し、学習する中で、子どもの生活を高め、豊かにし、子どもが成長していくような実践を目指したい」として、「生活の学習化」[※2]という考えを提唱し、教師主導の教育から子ども主導の教育へと教育観の転換を図ろうとしました。そして、翌年の昭和54(1979)年から小学部の授業に「遊び」が取り入れられるようになります。

(1) 授業ごとに「遊び」についての考え方は、まだばらばら

■「水遊びをしよう」と「砂遊びをしよう」(昭和54(1979)年)

昭和54(1979)年、日課表の中に「遊び」が帯状に位置付けられ、10時から30分間、下学年(1・2年生の複式学級)、中学年(3・4年生の複式学級)で学級ごとに行われていました。どのような授業が行われていたかについて、昭和54(1979)年度に下学年で行われた単元「水遊び」と、中学年で行われた単元「砂遊び」の授業(千葉大附属, 1979)を見てみます。これらは、どちらもグラウンドで行われ、設定された場の中で自由に遊ぶ時間と、教師が主導しボディペインティング(水遊び)や

料理ごっこ（砂遊び）を行う時間を組み合わせたものでした。図2-1の写真を見る限りでは、どちらの授業も相違ないように見えます。しかし、授業についての説明を見ると、両者の授業についての考え方には大きな違いがあったことが見て取れます。下学年では「教師も子どもも思う存分、水や砂で遊び、『あー、いい気持ち、楽しかった、またやりたいな』という気持ちになればよいと考えていた。みんなと一緒の行動があまりとれなかった子どもも、みんなのそばで平行的に遊ぶようになった」と言っているのに対し、中学年では「学習の目的を達成させるために方法として用いるような遊び、いわば大人が意図的に構成し、援助しながら遊びを発展させていく遊びがあり、本学級では後者のように教師がかなりの面で意図的に働きかけをしないと、子ども同士の関係性や遊びの発展がみられない」と述べています。当然、子どもの実態による差異もあるでしょう。しかし、両者の考えには大きな隔たりがあります。この時期には、学校として、遊びについての考えはまだ共有されていなかったと言えるでしょう。

図 2-1　昭和 59（1979）年度小学部下学年「水遊び」（左）・中学年「砂遊び」（右）
（「研究紀要５号」（千葉大附属，1979）より）

(2)「みんなで遊ぼう」…でも遊びを発展させるために積極的介入が必要

■「アスレチック広場で遊ぼう」（昭和 62（1987）年）

昭和57（1982）年、それまでの日課表が変わり「遊び」は帯で通年、毎日30分の実施から、年に１回、３週間程度の期間、帯で毎日70分の実施へと変更されました。その理由は「子どもたちが興味をもって活動し始め、ある程度活動に満足できるようにしてあげるには子どもと教師がゆとりをもって活動に取り組めることが大切な条件である」からと説明されています（千葉大附属，1982）。昭和61（1986）年から、遊びの指導は学級ごとではなく、学部全体で行われるようになりました。授業ではグラウンドが広く使われ、複数の遊具が設置されました。ただし、この時期には遊びに連続性や発展性をもたせるための教師の意図をもった積極的な介入が必要だと考えられ、例えば、昭和62（1987）年の「アスレチック広場で遊ぼう」では皆で一緒に行う授業であっても、中学年や、上学年（5・6年生の複式学級）は授業時間の約半分、教師主導で制作活動が行われました（千葉大附属，1987）。

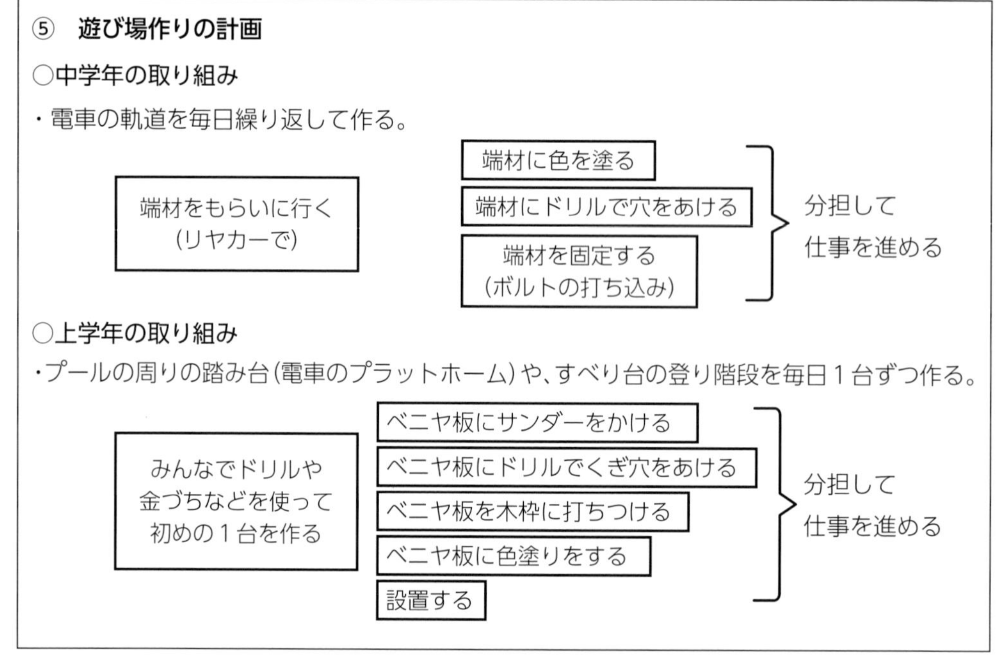

図 2-2　昭和 62（1987）年度単元「遊びの広場に行こう」授業計画
（「研究紀要 13 号」（千葉大附属，1988）より）

■怪獣砦をぶっこわせ！（平成5（1993）年）

養護学校の教育が義務制を経て、一定の位置づけを占めるようになると、学級数が増し授業における集団規模が大きくなったことへの対応が課題になりました（太田，2002）。対応の一つとして、グループ別指導や個別指導での対応に注目が集まる中（玉上，1985；村田，1985；鹿島，1985 等）、千葉大附属では集団で活動することの意義を深めることを目指し、生活単元学習で子どもたちが「テーマを共有すること」を重視するようになりました（千葉大附属，1987）。

この時期の「遊び」は、学部全体で行うものが年に2回、下学年と中学年が学級ごとに年に1回、それぞれ3週間程度の期間実施されました。学部全体のものはグラウンドや体育館を広く使い、複数の遊具を設置して行われました。この時期の授業の特徴は、テーマを共有するためにストーリー性のある遊びが取り入れられたことです。例えば平成5（1993）年の「怪獣砦をぶっこわせ！」（千葉大附属，1994）では、怪獣役の子どもを設定し、段ボールで作る「砦」を崩す役と、それを守る役とに分かれた遊びが展開されました（図 2-3）。しかし、このような単元は、「ストーリー性を強めすぎると、子どもに遊びを強要することになり、子ども主体の生活となりにくい」とされ（千葉大附属，1992）、次第に単元に設定されるテーマは「すべり台ランド」「ターザン広場」等、多くの子どもにとって取り組みやすいであろう粗大運動遊びに関連するものが中心となっていきました。

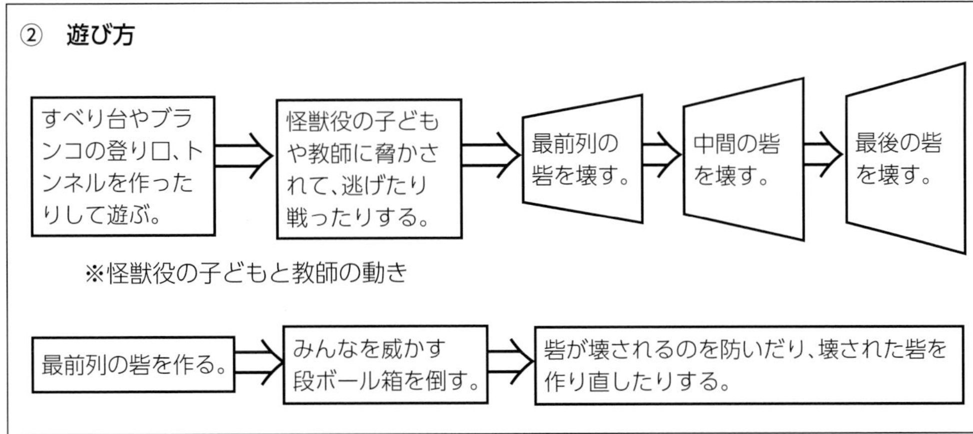
② 遊び方
すべり台やブランコの登り口、トンネルを作ったりして遊ぶ。
怪獣役の子どもや教師に脅かされて、逃げたり戦ったりする。
最前列の砦を壊す。
中間の砦を壊す。
最後の砦を壊す。
※怪獣役の子どもと教師の動き
最前列の砦を作る。
みんなを威かす段ボール箱を倒す。
砦が壊されるのを防いだり、壊された砦を作り直したりする。

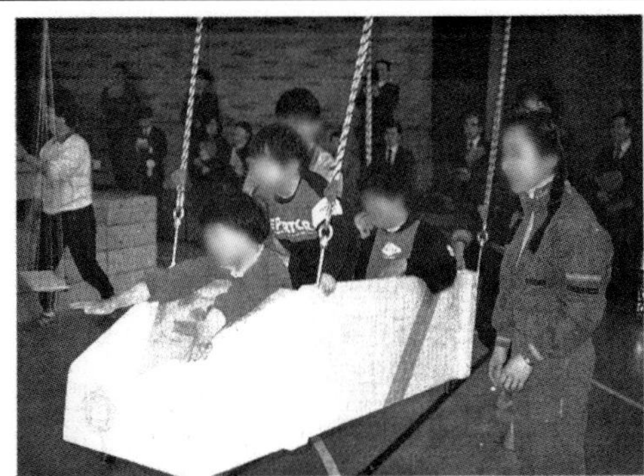

図 2-3 平成5（1993）年度 単元「怪獣砦をぶっこわせ！」授業計画等
（「実践メモ 20 号」（千葉大附属，1994）より）

【注】

※1 千葉大附属では生活の学習化（昭和 53（1978）～ 62（1987）年）、あるいは子ども主体の学校生活づくり（平成 10（1988）～ 24（2012）年）という考え方をベースに、子どもたちが一つのテーマを共有しながら生活することを目指していた。そのため、遊びにおいても設定されたテーマを共有することが目指されており、教育課程上の位置づけは生活単元学習とされていた。しかし、次第に教師が設定した授業のテーマよりも、子どもたちが、一人あるいは集団で、どのように遊ぶかということに焦点が当てられるようになった。それに伴い、教育課程上の位置づけを、生活単元学習から遊びの指導にした。

※2 「生活の学習化」は同年校長に就任した千葉大学教授の小出進により提唱された理念であり、生活中心教育の考えを背景に、教科等の目標に子どもを合わせるのでなく、子どもに合わせて教育を行い、現在の生活を充実・発展させて、将来のより良い生活につなげようとするものである（小出，1998）。その特徴として、学習を教科・領域等に分断せず総合的に指導すること、教師の意図性を排除して子どもを学習の中心に据えること等が挙げられる。

2. 安定的な実施に向けた指針作り：1990 年代後半～ 2010 年代前半

この時期の千葉大附属は、それまでの試行錯誤を経て次のようなポイントで授業を考えるようになりました。

まず、場づくりでは、広い場で、どの子どもも同じテーマの下に一緒に参加できることを目指しました。子どもたちが、遊びを通じて、お互いを「仲間」として認め合うことを大切にしたのです。授業で目指す子どもの姿としては「精一杯、めいっぱい」といったことが掲げられ、教師は共に遊び、遊びを盛り上げることで、目指す姿の実現を図りました。こうした授業の在り方は、遊ぶことそのものを大切にする（紀要5号，1979；紀要6号，1980など）という教育観を実現することができたと言えるでしょう。

授業についての土台が固まると、「子どもたちがテーマを共有するための場づくりとは」、「主体的に遊ぶための教師の支援の在り方とは」といったことを中心に研鑽を深めていきました。この時期の「遊び」では年に3回、学部全員でグラウンドや体育館に、粗大運動遊びを中心として行う遊具を複数配置し、約3週間、自由遊びを行いました。例えば平成13(2001)年の「ふゆのくに」という単元では体育館に「スキー場」や「ゴンドラ」に見立てた滑り台やカート、ブランコなどが設置され、3週間の期間中、自由遊びが行われました。

図2-4　平成13（2001）年度 単元「ふゆのくに」授業の様子
（「実践メモ27」（千葉大附属，2002）より）

3.「学び」を見るための模索：2010年代中頃以降

2000年代から10年以上安定的に授業実践が行われました。2010年代になっても学部全体での単元が年に3回行われ、体育館やグラウンドに複数の遊具を設置するという授業が行われていました。しかし、平成25(2013)年頃から、説明責任への意識の高まりから、授業において子どもがどのような学びをしたのかを示すべきだという声が高まり、「遊び」の授業をどう考え、どうやって行っていくかの模索が始まりました。

(1) スキル重視の教育観の導入…でも上手くいかず

まず、授業における目標を明確に示すため、「人と関わる力」という観点から、「教師や友達を模倣する」「教師や友達に要求を伝える」等の段階的な目標を設定し、遊びを通じて目標を達成することが目指されました。それまでの千葉大附属の遊びの授業が遊ぶことそのものを大切にする「遊び重視」の教育観に立って行われていたことに対して、この時期の実践は、遊びを通じて何を身に付けるかを重視する「スキル重視」の教育観に立って行われていたと捉えられます。

(2)「遊びを重視し、その結果生まれる学びを見取る」教育観の確立

しかし、スキル重視の考え方は、千葉大附属が行っていた「自由遊び」「広い場」「大人数」という特徴をもつ授業では根付きませんでした。その理由は「できた／できない」だけで子どもの遊びを評価することの「もったいなさ」にあります。確かに、遊びの授業でもスキル獲得の有無だけで子どもを見ることは可能ですが、遊びの中で子どもが見せる姿は実に多様です。実際に目標に対して「○（できた）」「△（支援があればできた）」「×（できなかった）」で記録・評価を行ったところ、「記録から授業での子どもの様子が全く見えてこない」という声が挙がり、もっと相応しい異なる方法を模索することになったのです。

その後、エピソード記録の導入、教員同士でのカンファレンスの充実、授業の工夫（場の小規模化、作り込まない場づくり）など、様々な要因を経て、「子どもの遊びを重視し、その中での学びを見とる」という教育観をもつようになりました。こうした教育観はどのようなものか、授業がどのように行われているか、第2章第3節から詳しく見ていきます。

第2節
千葉大附属の遊びの指導の「いま」

第1節に記したように、千葉大附属の遊びの指導は、「遊び自体を重視する実践（平成2（1990）年頃～24(2012）年)」、「学びやスキルの形成を重視する実践（平成25（2013）～27（2015）年」を経て、「遊びも学びも重視する実践（平成28（2016）年頃～)」へと移り変わってきました。第3節以降では平成28(2016）年以降の実践について記していきます。第2節では、授業を行う上での心構えや、授業の枠組みについて述べていきます。

1. 授業を行う上での心構え

千葉大附属では遊びについて「遊びを通じて子どもは自ら学ぶ」という考えのもと、教師は遊びを支え、その結果生まれる学びを見取ることをモットーに授業が行われています。遊びの指導での学びは教師が教えるものでなく、「子どもが遊びを通じて自ら学ぶもの」というわけです。

遊びを教育に取り入れる場合に遊びをどのようにとらえるかは、遊びを教育の手段とするか、あるいは遊び自体を教育の目的とするかというように、大別されると言います（赤木, 2019)。千葉大附属では、どちらかと言えば後者、「遊び自体が目的」という立場です。ですが、第1章でも述べたとおり、「子どもは、遊びを通じてどのような学びをしているか」もしっかり見ようと試みています。

2. 授業の基本的な形

授業の場については、平成2(1990）年頃より後は一貫して、体育館やグラウンドなどの広い場所に複数の遊具を設置する「ランド型」の授業を行っています。設置する遊具は、粗大運動遊びや感覚遊び、イメージ遊び、操作遊びなど様々な遊びができるように、多様なものを設置します。授業には小学部の子ども18名全員が参加します。これは子どもが定数によりほぼ変動しない大学附属学校ならではの特色と言えるかもしれません。授業の形態は子ども主導の「自由遊び」を中心的にして、スポット的に教師が主導する「設定遊び」を行っています。授業は3週間程度の単元期間の間、月曜日から金曜日まで帯状の日課で行われます。一日の授業時間は10時30分から11時45分までの75分ほどあり、単元は年間で3回行われています。授業では遊びの発達に関連した評価の観点から、子どもたちの遊びの姿にはどのような学びが含まれているかを見取っています。表2-1に特徴をまとめておきます。

表 2-1　千葉大附属の遊びの指導の概要

1 単元の授業時間	1 日 75 分×約 3 週間（期間中は毎日実施）
実施場所	主に体育館、またはグラウンド
授業の形態	自由遊びメイン
参加者	1 年生から 6 年生まで
子どもと教員の割合	子ども 18 名に対して教員 8 名
設定される目標	遊ぶこと自体・社会性・認知・運動の発達

このように千葉大附属では、広い場、たくさんの遊具がある場の中で、長い時間、自由度の高い活動が設定されています。このような授業に対して、おそらくは「自由遊びがメインの授業で本当に個々のねらいは達成できるのか」といった疑問が沸くのではないでしょうか。他にも、「ねらいとして設定していた遊びを子どもがしなかったらどうするの？」「場作りってどうやって考えているの？」「自由遊びで教師の役割分担はどうなっているの？」「3 週間、毎日遊んで、子どもは飽きたりしないの？　用意した場で遊ばない子どもはいないの？」「教師たちは遊びの指導についてどうやって研修しているの？」などなど、いろいろな疑問が沸いてくることと思います。本章第 3 節では「授業づくりの実際－PDCA サイクルに沿って－」として、本節で述べた授業の特徴について、PDCA サイクルに沿って詳しく述べていきます。その中で、ここに挙げたような疑問にも答えていきます。

第3節
授業づくりの実際－ PDCA サイクルに沿って－

1. P（計画）：構想と場づくり

（1）遊びの指導の年間計画

本校小学部の日課表を図 2-5 に示しました。本校では、午前中の 10 時 30 分～ 11 時 45 分の時間を帯状に設定して※、遊びの指導や生活単元学習を行っています。一つの単元は 3 週間ほどの期間ごとに入れ替わり、年間計画に沿って行われています（図 2-5、2-6）。その中で、遊びの指導は年間 3 回、おおよそ 6 月、10 月、2 月に行われます。ここでは、各期の単元で意図していること、単元同士や他の授業とのつながりなどについて説明します。

	月	火	水	木	金
9:00	登　校				
	着替え・係の仕事				
9:30	9:40～ 全校朝会（月２回）	朝の会			
9:50	朝の会	体育（おはよう広場）			
10:30	生活単元学習／遊びの指導				
11:45	給食準備				
12:00	給食・昼休み				
13:00	自立活動（チャレンジタイム）				
13:30	着替え・帰りの会				
14:00	下　校				

	月	火	水	木	金
13:00	児童生徒会（月２回）	自立活動（チャレンジタイム）			
13:30			着替え・帰りの会		
14:00			下校		
14:30	着替え・帰りの会			着替え・帰りの会	
15:00	下　校			下　校	

図 2-5　小学部の日課表（令和 3(2021) 年度）
※午前中（13:00まで）の日課表は全学年共通
※高学年は水曜日のみ、低学年・中学年同様の 14 時下校、それ以外の曜日は 15 時下校

遊びの指導／生活単元学習の年間計画　　生活単元学習　遊びの指導

月	低学年学級	中学年学級	高学年学級
4	遊んで作って仲良くなろう！	はなやか中学年	畑仕事をしよう
5	学校全体での生活単元学習・運動会「ふぞリンピック」※東京オリンピック・パラリンピックになぞらえて全校で実施		
6	音を楽しもう！きらきら９音楽隊♪	触って遊ぼう	素材を買って、キーホルダーを作ろう！
	遊びの指導「みんなあつまれ！うきうきランド」		
7	学部での体育「どうぶつうんどうタイム」※感染症を考慮し、水泳学習は未実施 ➡ 雨天時に予定していた活動を実施		
8	夏休み		
9	学部での生活単元学習「みんなでつくろう！芸術の秋」※感染症を考慮し、同じテーマ・同じ活動内容で、学級毎に展開		
	色を楽しもう！	どんぐり・はっぱ・しんぶんし	作って！遊んで！大実験！
10	秋休み		
	遊びの指導「あおぞらひろばで　あそぼう」		
11	学部での生活単元学習「にこにこしょー☺」※文化祭に向けた発表練習		
12	学部での生活単元学習「海と 山の　動物コンサート」※音楽発表会		
1	冬休み		
	かるたをしよう！	買い物と調理をしよう	木で作ろう
2	遊びの指導「つくってあそぼう！みんなのまち」		
3	お別れ会をしよう ※１～５年生		卒業にむけて ※6年生

図 2-6　遊びの指導／生活単元学習の年間計画（令和 3(2021) 年度）

1）1回目の単元（6月頃）

新年度になり子どもや教師が入れ替わり、初めての遊びの指導です。梅雨の時期であるため、本校では体育館で行っています。特に新入生については「安心して遊び場で過ごすことができること」「学級や学部の友達同士、また教師との関係性を作ること」「好きな遊びを見つけること」に主眼を置きます。新入生以外の児童にとっても、その年初めての遊び場になりますので、活動では、安心して過ごすことや周囲との関係づくりを大切にしています。そのため、場づくりでは、「何がどこにあるのか見通せるよう、見晴らしを良くすること」「場に入り、自分のお気に入りの居場所をすぐに見つけられるように、遊び慣れた遊具を用意しておくこと」などを心掛けています。新入生はこの単元では場に入ることをためらい、遊び場の端の方にいる姿もちらほら見られます。教師が誘ってみたり、好きな遊びを近くに置いてみたりするなどの働きかけも行います。ただ、年間をかけて「あと２回単元がある」ことを踏まえ（あまり焦らず）、まずは「端の方で何をして過ごしているのかな」などと、じっくり子どもの様子を観察することを大切にするようにしています。

図 2-7　令和４（2022）年度６月「わくわくひろばで遊ぼう」
年度初め、児童が安心して過ごせるよう見晴らしのいい場を意識

2）2回目の単元（10月頃）

２回目の単元は晴れる日も多く、過ごしやすい秋口にグラウンドで行っています。天気を気にしなければいけない屋外での授業ですが、次のようなメリットがあります。

・汚れを気にせず、砂、水、シャボン玉、絵具、草花などの素材をふんだんに使った遊びができる。
・屋内よりも広々とした場を使える。
・落ち葉や草などの自然を利用した遊びや、築山などの地形を利用した遊びができる。

こうしたメリットを利用して、屋内ではできないような、自然や季節感を生かした遊びや、ダイナミックな素材遊びを実施できます。特に、砂や水を使った遊びは子どもたちに人気です。自分から素材に向かおうとする姿も多く見られ、遊び方を工夫したり、友達と場や道具などを共有したりするなど、様々な学びの姿を引き出すことができます。

令和3（2021）年度 10月「あおぞら広場で遊ぼう」
秋の風を感じながらダイナミックな遊びができる場づくり

3）3回目の単元（2月頃）

3回目の単元は体育館で行います。1年間の総まとめの時期の単元になり、宿泊学習や、文化祭、音楽発表会やクラスごとに行う授業など、学校で経験してきた活動を遊びに生かしていきます。例えば、校外学習で職業体験した「宅配便」を再現できるような遊びを設定します（次頁写真右）。音楽発表会で行ったことを遊びの中で行えるように、楽器やダンスができる環境の用意、子どもが操作できるビデオ（P115参照）の設置などを行うこともできるでしょう。他にも、朝の会など教室での活動を再現できる「ミニ学校」などがあります。子どもたちの経験を遊びに取り入れることで、「日頃の活動を再現する遊び」が行いやすくなります。そうした遊びでは、普段関わりの少ない子ども同士であっても、「お互いの気配を感じて場を共有したり、言葉は交わさなくともお互いに模倣し合ったり、同じ目的のもと協力し合ったり…」と様々な形で「一緒に遊ぶ」という状況が生まれやすくなります。

令和3（2021）年度 2月「作って遊ぼうみんなのまち」

(2) 単元を構想しよう

子どもたちが自分で考え、主体的に遊ぶことを一番大切にする単元の構想について記していきます。遊びの指導の単元を構想するときにはどんな遊具を出すのか、どう配置するのか、一人一人の子どもはどうやって遊ぶか、など様々なことを考えます（図2-8)。以下では、単元を構想する際に考えることや、単元を構想する際のポイントを説明していきます。

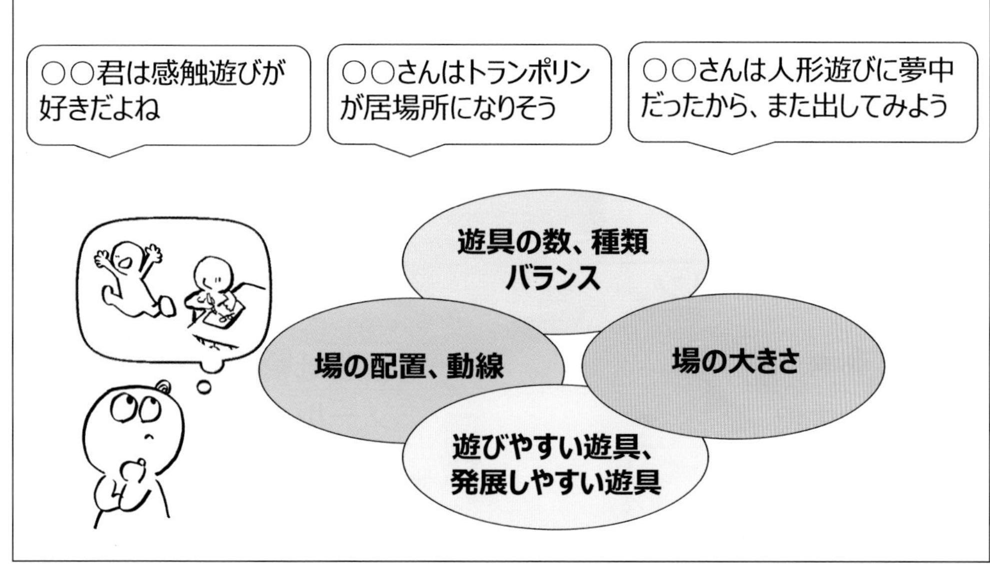

図 2-8　単元を構想するときに考えること

1）単元を構想する際に考えること

①場全体に設置する遊具の数や配置を考える

場全体の広さに対してどのくらいの大きさの遊具を、どのくらい設置するかを考えます。遊具の数が多すぎると見晴らしが悪くなり、どこに何があるのか環境を把握しにくくなったり、子ども同士の関わりが少なくなったりというデメリットが生じます。逆に少なすぎると子どもの遊びの選択肢が狭まり、好きなものを見つけ自分から遊ぶという姿を引き出しにくくなります。遊具の数は実際に授業での子ども

体育館のサイズ：※1マス 900mm

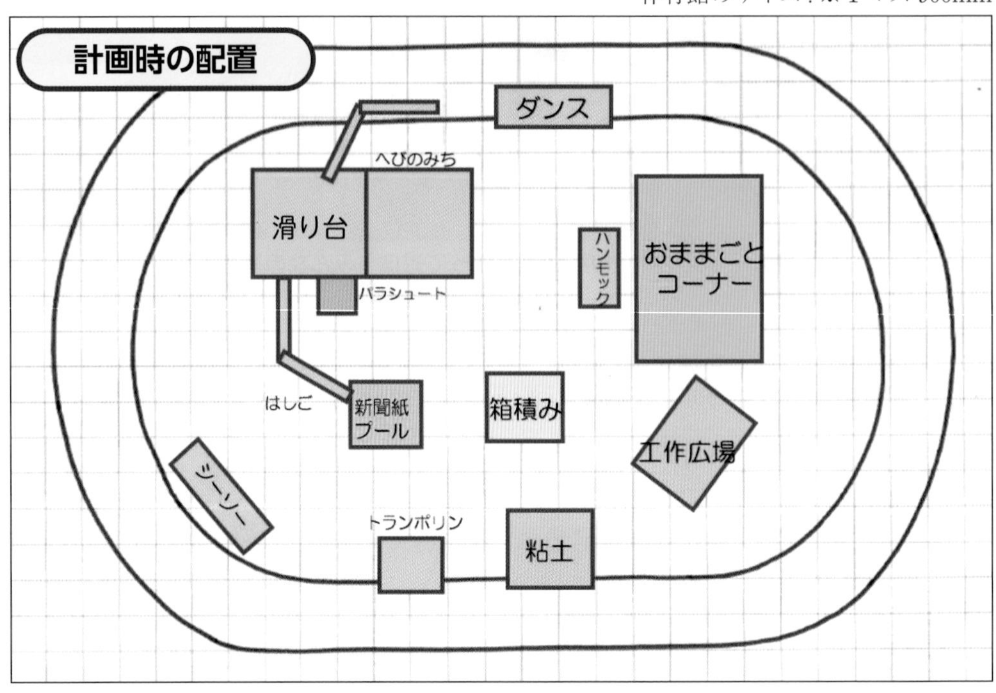

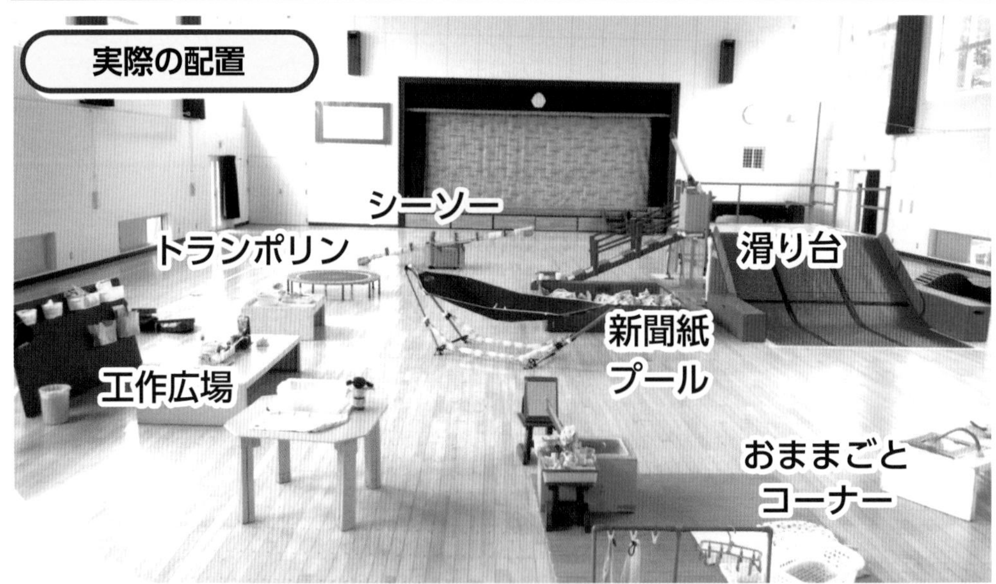

図 2-9　計画時の場の配置図と実際の場の配置
（令和２（2020）年度６月「イケイケ！ドンドン！のびのび広場」単元構想資料より）

の様子を見ながら修正・調整していくしかないのですが、千葉大附属では、だいたい 14 m× 18 mの場の中に、8 つくらいのコーナーを作っています（図 2-9）。コーナー以外にも「乗り物」などの遊具が出ることもあります。

また、設置する遊具の数は単元期間によっても異なります。単元の期間は 15 日程度としていますが、期間の長短は年間計画における他の授業との関係により変動します。

なお、体育館に設置する遊具は、授業時間以外は端に寄せ、他学部が使うスペースを空け、場所は譲り合いながら使用しています。

②一つ一つの遊具を考える－子どもの「学び」と「居場所」を考慮して－

設置する遊具を考えるときには、「学び」と「居場所」の２つの視点をもっています。「学び」とは、この遊具を設置すれば、どんな遊びを引き出し、どんな学びを得ることができるか、という視点です。遊びを行うことで、個別の指導計画において個々の子どもに設定したねらいを達成できるか、ということにも関わります。もう一つの「居場所」は、子どもにとって安心して過ごせる場や、夢中になって遊べる遊具があるか、という視点です。場の中に「居場所」があることで、子どもたちは少し難しい遊びにチャレンジしたり、遊び方を工夫したりというように、遊びを発展させ多くの学びを生み出していくことができます。

キッチンを居場所にする様子

なお、どんな学びを想定して、どんな遊具を設置するのかは本節の「C 評価」、第４章第１節「遊具集」をご参照ください。

③遊具の種類のバランス

本校では大まかに「運動遊び」「感覚遊び」「操作遊び」「イメージ遊び」の４つで遊具を捉えて、場に設置する遊具に偏りがないかチェックしています（図 2-10）。幅広い遊び方ができる場だからこそ、多様な実態の子どもが好きな遊びを見つけ、主体的に遊べるのだと考えています。なお、例えば滑り台で、イメージ遊びをしたり、キッチンのおもちゃを触って感触を楽しんだり…といったように、遊具の種類は４つでも、子どもの遊び方はそれに規定されることはない、ということを述べておきます。

感覚遊び
・スノードーム
・ボールプール　等

運動遊び
・壁登り
・シーソー　等

操作遊び
・どんぐり転がし
・パズル　等

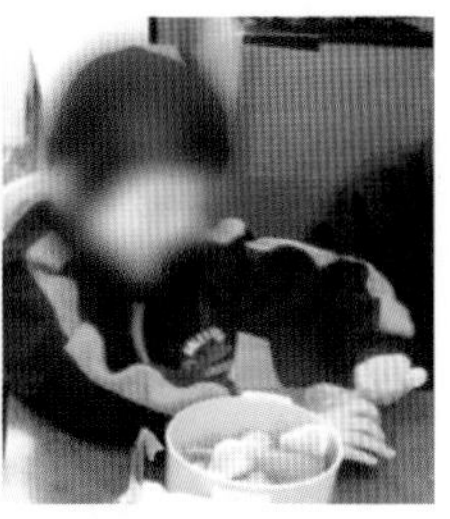

イメージ遊び
・おままごと
・お絵描き　等

図2-10　遊びの多様性を保障するための４つの遊び

④単元のテーマと単元全体のねらい

いくつかの遊具を同じ場でひとまとめに設置する際には、何かしらのテーマが求められます。このテーマは、達成すべき目標というよりは、「子どもたちを集団として捉えた際の実態を踏まえた単元ごとの特色」であり、場づくりを行う際の方向性を示すものです。

このテーマに即して、単元全体のねらいを設定します。このとき、具体的にどんなふうに遊んでほしいかをイメージします。例えば「素材」をテーマにした場合のねらいは「素材に関わりながら感触を味わい、違いに気付いたり好みを見つけたりする」等です。新年度初めての遊び場で「集団づくり」「好きなものを見つける」のようなことをテーマにする場合のねらいは「友だちや教師、集団での場に慣れて安心して遊ぶ」「自分の好きな遊具や遊び方を見つける」等です。

なお、設定する遊具は「素材」をテーマにした場合も「③遊具の種類とバランス」に記したように、多様性を担保し、素材を使った遊び以外も行えるようにします。

2）単元構想のポイント

①一つの遊具でいろいろな遊び方ができるようにする

子どもが熱心に工夫しながら遊ぶ姿を引き出すためには、一つの遊具でいろいろな遊び方ができるようにすること、あるいは教師がそうした視点をもっていることが大切です。

「雨どい」を築山に運んで遊ぶ様子

例えば、子どもが斜面を駆け上がるため、斜面の上にロープを置いたことがありました。ロープを掴んで斜面を引き上げられる遊びが大流行する中、しばらくするとロープを使って綱引きのように引っ張り合ったり、輪を作って電車ごっこをしたり、ぬいぐるみを括り付けてお散歩ごっこをしたりと、大人の想定外の遊びをする子どもたちが現れました。これら想定外の遊びの中にこそ、子どもの創意工夫や学びの機会がたくさん含まれています。

また、子どもたちはしばしば「遊具と遊具を関連づけて遊ぶ」ということをします。例えば素材コーナーにあったどんぐりを運んで滑り台から転がしてみたり、砂場にあった「雨どい」を築山の斜面まで運んで、上から水を流してみたり、というものです。子どもが思いついたいろいろな遊び方を実現できるよう、支えていくことが大切です。

②高低差が引き出すおもしろさ

高さがあるとどんないいことがあるかというと、一言で言えば「おもしろさ」を引き出しやすいということです。高さがあることで、よじ登ったり、滑り下りたり、物を転がしたり、飛ばしたりと、子どもたちは「おもしろさ」に惹かれて多様な遊びを行います。高低差を生かして、滑り台、坂、ボルダリング、パラシュート、滑車などたくさんの遊具が作られています。

パラシュートで遊ぶ様子

③場の中をぐるぐる巡れて、抜け道多め

子どもたち自身が、遊具から遊具へと、場をぐるぐると巡ることができること、そして巡り方は決まった道を通るだけでなく興味のあるものを見つけて途中で降りたり、ショートカットしたりできるよう、抜け道をたくさん用意するということを心掛けています。子どもたちが場を移動しやすくすることで環境を把握しやすくなり、子どもが遊びに出会うきっかけがたくさん生まれます。また、移動すること自体を楽しいと感じている子どもも多いようです。

④「余白」が生み出す子どものアイデア－あえて場を作り込まない－

どんな場にするかを考えるとき、どうしても思い付いたアイデアは全部詰め込みたくなるものです。また、授業を考えるときに、何もない「余白」を残しておくのは勇気が要ることではないでしょうか。しかし、遊びの場を考えるとき、思い切って場に「余白」を残しておくことで、子どもが自分から遊具を持ち寄って思いついた遊びを始めるというように、子どもの工夫を引き出せることがあります。また、少し主旨からは逸れてしまいますが、「余白」を残しておくことで、単元の進行とともに生まれる「こんな遊具を出してみたい」という教師のアイデアを反映させることができます。

⑤周辺性があるから遊べる子ども

「これだけ考えたんだから大丈夫！」と思っても、いざ始まってみると遊び場の中には入らず端の方で遊んでいる子どももいます。こうした子どもに出会ったとき、教師はもっとその子の好きな遊びができるように遊具を修正したり、積極的に遊びに誘ったりするでしょう。もちろん、これは必要なことで、これにより遊び場に入っていける子もたくさんいるでしょう。ただし少し考え方を変えて、端にいる子どもは何をしているかを考えてみるというのも大切な視点です。大人は不安になってしまいますが、実は子どもにとって大人の目の届かないような周辺にある場は恰好の遊び場で、周辺で何もしていないように見える子どもも、実はその子なりのとっておきの遊びをしているのかもしれません。場の中心であっても周辺であっても、夢中で遊ぶ経験をした子どもは、次第に興味を広げていって、過ごす場や遊び方に広がりを見せることでしょう。

第4章第2節の事例①では、場の中になかなか入れずにいる子どもが、徐々にいろいろな遊具で遊ぶようになる過程を紹介しています。

(3) 安全面を考えよう

1) 授業中のケガへの対処

遊びの指導では、子どもが自由に思い切り身体を動かす場面が多く、教師はケガの危険性について十分に考える必要があります。

体育や図画工作等では、ケガの防止のため、正しい道具の使い方、正しい身体の動かし方を指導します。遊びの指導においても、同様に適切な道具の使い方、適切な身体の動かし方を指導することが必要です。

しかし、ケガの可能性を排除しようと必要以上に活動を制限してしまえば、子どもが好きな活動を思い切り行うことや自由な発想を実現することは難しくなります。そこで、ケガの予防と子どもの自由な遊びを両立するためのバランスが求められます。そのためには授業における危険について、何かしらの「指標」を教師間が共有した上でケガの予防に努める必要があります。

2) リスクとハザード－安全面についての基本的な考え方－

本校では授業での危険について、「リスク」と「ハザード」という考え方を採用しており、大きなケガにつながる絶対に取り除くべきものをハザード、子どもが認識し回避することを学ぶべきものをリスクと捉えています。

①ハザードの例

■木のささくれ

■指挟みの危険のあるドア

■転倒の可能性のある物（図2-11）

■滑る床

■衝突の可能性のある曲がり角（図2-12）

床に固定されていない棚
→棚の下に板を敷き、板と棚を固定する
→棚を低いものに代える

図 2-11　転倒の可能性のある物

見通しが悪く、狭い通路
→通路の幅を広くする
→床に物を置くなどして走らないようにする

図 2-12　衝突の可能性のある曲がり角

ハザードは、計画から授業準備の段階で徹底的に排除します。遊具や場の修正や撤去、あるいは授業時間に「遊具担当」のような形で教師を配置する場合もあります。

②「リスク」の例

- ■落下しないように降りる必要がある登り棒やはしご（下にマット、不意に落ちることを予防する柵あり）（図 2-13）
- ■譲り合いが必要な道（見晴らしはよく、衝突は起こりにくい）
- ■スピードを制限することが必要な乗り物（図 2-14）

図 2-13　はしごを安全に降りる様子

図 2-14　スピードを抑えて乗り物に乗る様子

リスクを回避するには、教師があらかじめこれらを把握し、場面ごとに子どもにどうすれば良いかを伝えることや、リスクを回避しやすい環境を作ることが必要です（図 2-13 で言うと、かがんで降りることを誘発する柵がこれにあたります）。また、高い所に登る遊具等では子どもが、自分に挑戦できるかどうかを判断し、難しい場合は行わない選択をすることも必要です。「これはまだできない」と判断して他の遊具に向かうことも学びと捉えています。

教師は、例えば子どもが登り棒にチャレンジしているとき、達成感や遊びの楽しさを味わえるように身体的な支援をするのか、試行錯誤する様を見守るのか、それともリスクを回避し他の遊具で遊ぶように促すのか、状況を踏まえて判断することが求められます。

以上、リスクとハザードについて見てきましたが、何がハザードで何がリスクになるかは、子どもに実態によっても微妙に変化します。単元ごとに教師間でリスクとハザードについて話し合うことも必要です。その上で、授業中にはケガの予防に常に目を配ることが求められます。

(4) 一つの単元ができるまで

ここでは、令和2(2021) 年度2月に行った「おもいでいっぱい！わくわくランド」を例に挙げ、一つの単元ができるまでの流れについて、順を追って説明します。単元の時期によって若干の差はありますが、担当者の構想は約3～4か月前、学部職員間での検討は約2～3か月前から取り組んでいきます。

1) 単元のテーマ設定・計画

この年は、新型コロナウイルスの影響を受け、休校や行事の中止を余儀なくされました。その分、子どもたちは例年以上に一つ一つの学習に思い入れがある様子で、教室や廊下に掲示された授業の写真を見たり、休み時間に授業で作った作品で遊んだりする姿が多く見られました。こうした様子を受け、単元のテーマを「おもいで」としました。

テーマが決まった後、担当者は、単元計画案(図2-15)を作成します。単元計画案には、①単元名、②期間、③単元のねらい、④単元について（内容や設定の経緯、進め方など)、⑤日程計画、⑥主な遊具や配置図などについて記述します。これについて、小学部内での会議を3回程経て検討します。

次に単元計画案を受けて、遊具を準備する担当者を決め、「遊具作成案」(図2-16)を作ります。一つの遊具の担当は2、3名で、一人につき2、3の遊具を担当します。遊具は、これまでの単元で出したものや、それらを応用したもの、インターネットで検索したものなど手作りのものが多いですが、既製品を用いることも増えてきました。遊具作成案を作る際は、①引き出すことができる遊び・含まれる学び、②大きさ・イメージ図、③材料・使用するもの、他には遊具を作る際のポイント等を記します。子ども一人一人の居場所・遊ぶ姿をイメージすることがポイントです。これらを踏まえ、「○○君は、遠足をとても楽しんでいたから、水筒やお弁当、リュックを用意すれば見立て遊びをするかもしれない」「その遊具を設置するなら、もっと

小学部　2月「遊びの指導」単元計画案

担当：〇〇

①単元名　「おもいでいっぱい！わくわくランド」

②単元期間　令和3年2月1日（月）〜2月24日（水）　計16日間

③単元のねらい

遊びの土台となる学びの姿	・自発的に活動する　・安定的な対人関係をもつ ・環境に関わる　・誘いを受け入れる ・安心感をもって活動する
社会性に関する姿	・人とのやり取りを楽しむ　・チャレンジする　など
認知に関する姿	・形や色が変化する様子に気付く　・目当てをもって操作をする　など
運動に関する姿	・不安定な姿勢を保持する　・よじ登る　など

④単元（内容や設定の経緯、進め方など）について

・休校期間が影響してか、例年以上に一つ一つの学校行事に対する思い入れを感じたため、テーマを「思い出」とし、一年間で体験した活動に関連する遊具を遊び場に展開していく。例えば、校外宿泊学習で体験した「乗り物」や、遠足で食べた「お弁当」、12月の音楽発表会で行った「楽器」などを遊具として用意する。

・「思い出」をテーマにすることは、子どもの先行する体験や活動が遊びの中で生かされることになり、自然と興味関心を高めやすく、過去の経験を想起して、自ら再現しようとする自発的な遊びの姿が引き出されたり、子ども同士が同じ遊びの認識を共有して遊んだりする姿などを引き出すことができると考えている。学校生活における共通の経験が子どもと教師、そして子ども同士を繋ぐことで、一人遊びから平行遊び、共同遊びへと連なる遊びにおける人との関わりの発達段階において、十分に自分を発揮する姿を期待している。

・授業前に全員でビデオを見る際に、過去の「思い出」の写真や動画を映し出して、子どもらと「クラスで野菜を作ったね」とやり取りをしてから「畑」の設定遊びビデオを見るようにする。遊びの前に過去の経験を振り返る機会を設定することによって、遊びが再現しやすくなり、また、普段は一人遊びが多く見られる子どもにとっても、「前にやったことがあるから、やってみようかな」というように、遊びへの参加がしやすくなると考える。

⑤日程計画　※設定遊びは、全体的な遊びの様子に応じて、開始時間や回数、内容を変更する場合がある。

月日	曜日	活動内容				備考
		設定遊び①【ビデオ視聴】	自由遊びⅠ 10:45頃〜	設定遊び②11:05頃〜【実際の活動】	自由遊びⅡ	
2/1	月	場全体の紹介ビデオ	好きな遊びを行う	設定遊び①で紹介した遊具で遊ぶ	好きな遊びを行う	
2	火	ブランコ				
3	水	ボルダリング				
4	木	シーソー				
5	金	工作広場				カンファレンス❶
8	月	滑り台＋箱積み				
9	火	滑り台＋箱積み				
10	水	滑り台＋箱積み				
12	金	滑り台＋箱積み				カンファレンス❷
15	月	ミニ学校				
16	火	ミニ学校＋工作広場				
17	水	ミニ学校＋工作広場				
18	木	ミニ学校＋キッチン				
19	金	ミニ学校＋キッチン				カンファレンス❸
22	月	キッチン＋畑				
24	水	なし				

⑥主な遊具と配置図

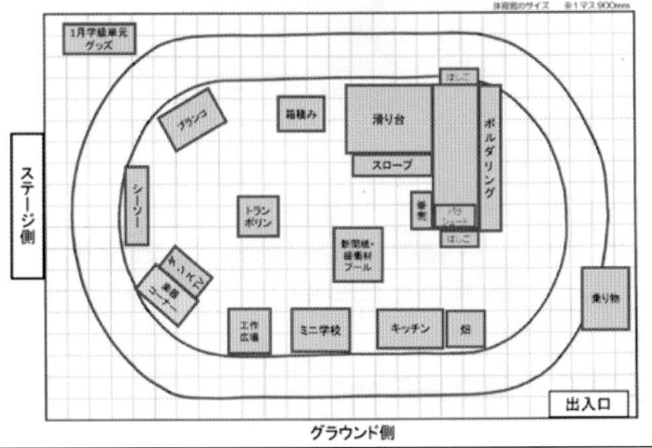

図 2-15　単元計画案

R2年度2月　「おもいでいっぱい！わくわくランド」

遊具作成案　「ミニ学校」

R2．12．1
担当：○○、△△

①引き出すことができる遊び ➡ 含まれる学び

- 教師や友達と同じ目的をもって遊ぶ。 → 目当ての共有
- 教師や友達が遊ぶ遊び方を模倣して遊ぶ。 → 模倣
- 自分が普段行っているイメージをもって再現したり、人形を使ったりして遊ぶ。 → ふり遊び
- 見たことや使ったことのある道具を操作して、遊ぶ。 → 道具の操作

②大きさ・イメージ図

- 大きさは、周りの遊具との兼ね合いで調整する。
- 「給食」や「お弁当」作りの再現ができるように、「キッチンコーナー」と隣り合うようにする。

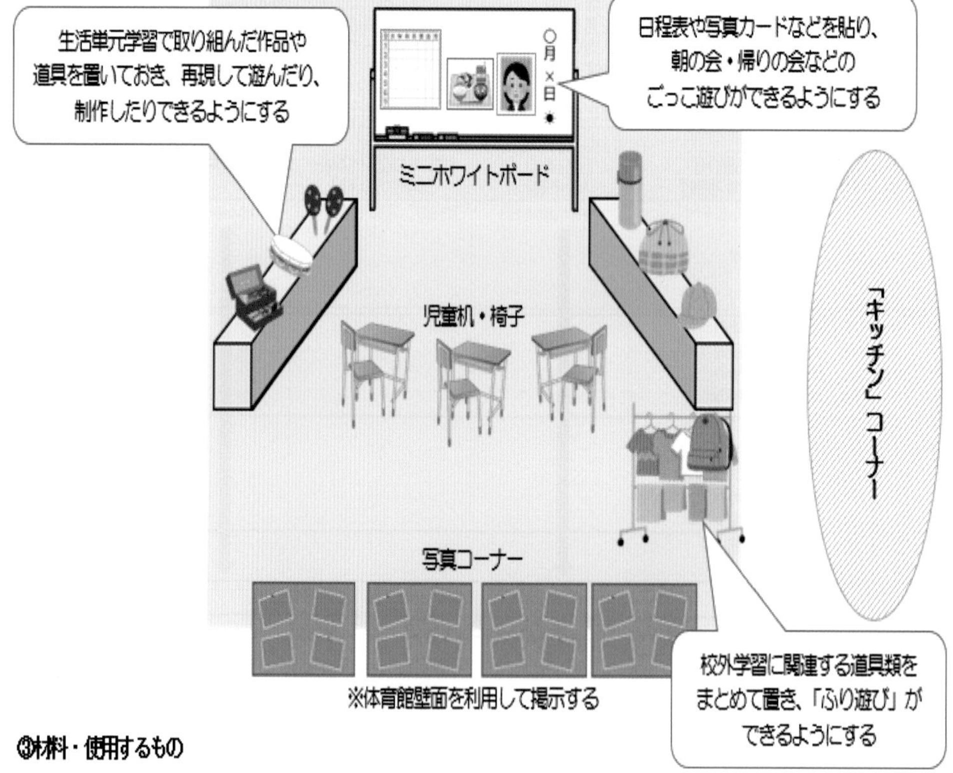
生活単元学習で取り組んだ作品や道具を置いておき、再現して遊んだり、制作したりできるようにする
○月
×日
日程表や写真カードなどを貼り、朝の会・帰りの会などのごっこ遊びができるようにする
ミニホワイトボード
児童机・椅子
「キッチン」コーナー
写真コーナー
※体育館壁面を利用して掲示する
校外学習に関連する道具類をまとめて置き、「ふり遊び」ができるようにする

③材料・使用するもの

<u>○学部にあるもの</u>

- ホワイトボード、マーカー
- 児童机、椅子（2～3セット）
- 道具類を置く台
- 筆記用具類
- 校外学習グッズ（リュック、帽子、おしぼり、お弁当箱など）
- ハンガーラック
- 手作り楽器

<u>○新たに作るもの</u>

- 写真コーナー用の掲示物
- 日課表、写真カード

図 2-16　遊具作成案「ミニ学校」

大きなスペースを用意した方が良いのではないか」といったように意見交換を行います。準備期間や材料等を踏まえ、現実的に作成可能か、安全面などの不具合はないか、子どもの主体的な遊びや学びを保障できるかといったことを勘案し、こちらも、2～3回程度の会議を経て決定していきます。

2）準備期間

単元開始前の1か月～1か月半頃から、いよいよ作成に取りかかっていきます。準備の初日は、学部の職員全員で大型遊具に必要な足場の用具の運び出しと基礎作りをし、骨組みを形作っていきます。骨組みができた後の遊具の作成は担当がそれぞれに行いますが、おおよそ、人手・時間を要するもの→新たに作るもの→既にあるもの（これまで作成したものや既製品など）といった順に行います。この単元では、テーマ「思い出」にちなみ生活単元学習で使用したものや作品を遊具として出したり、それらを想起できるような写真や掲示物を掲示したりして場づくりをしていきます。

限られた時間の中で効率的に遊具作成を行うために、「何を、いつまでに、誰が」といった作業工程の進捗表を用いています。各遊具の作成の進捗状況を確認して、早めに作業が終わった人がまだ作業が終わっていない人のフォローをする等、声を掛け合い協力しながら準備を行います。

遊具ができたら順次場に配置し、全体の進み具合をよりはっきりと把握できるよ

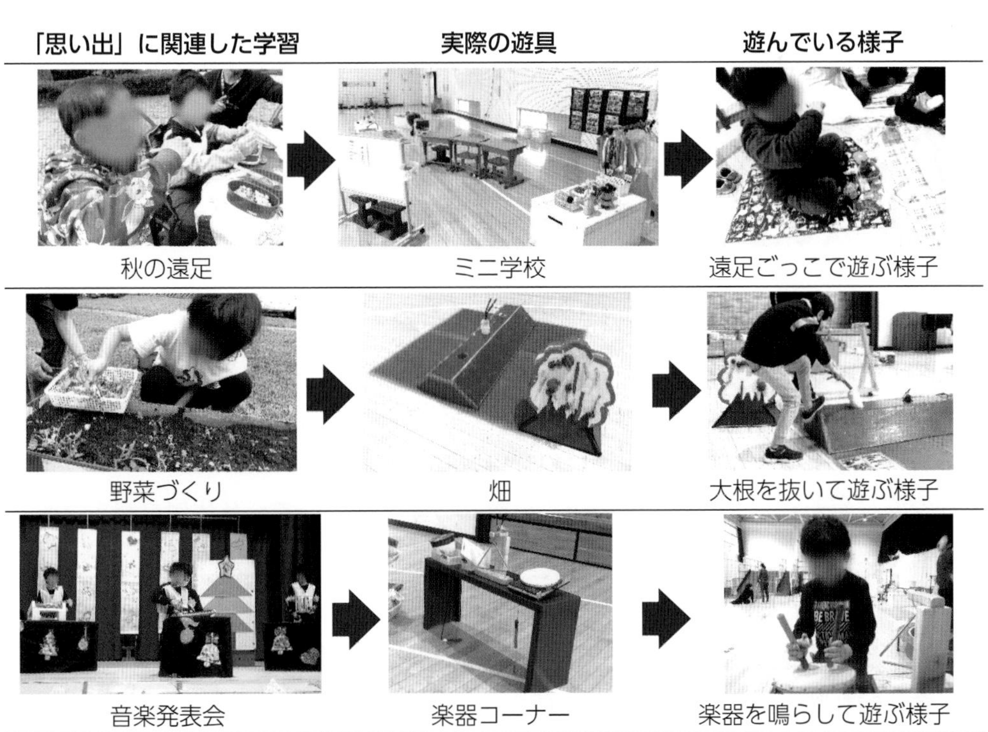

図2-17 「思い出」に関連した学習→実際の遊具→遊んでいる様子

うにします。単元が始まる2日前には、概ね完成した状態に場を整えます。

3）単元開始直前に行うこと

場の準備ができたら、学部職員で実際に触れたり遊んだりして、遊び方・使い方の共通理解と安全面のチェックを行います。安全面は「ハザード」に関して特に注意を向け、ケガや事故防止に努めます。その後は、導入用のビデオ撮影を行います。設定遊びについては、次項（P51）をご参照ください。

2. D（実施）：授業中の教員の振る舞い

本校の遊びの指導では、子どもが活動を主導する自由遊びが主で、授業の途中に教員主導の設定遊びが行われています。自由遊びと設定遊びの割合は8:2程度と圧倒的に自由遊びの時間が多く、設定遊びは自由遊びの補助的な役割を担っています。自由遊び、設定遊びという言葉について、本校では次のように捉えています。

自由遊び	・子どもが行いたい遊びを、それぞれ自由に行う活動のこと ・ただし、活動場所、活動時間は教師が設定した範囲内となる
設定遊び	・子ども一か所に集まり同じことを行う活動のこと ・活動は教師が主導する ・教師は積極的に活動に誘うが、場合によっては参加しないという子どもの意思も尊重される

遊びの指導では「子どもは遊びを通じて自ら学ぶ」と考えており、教師が教えるよりも、子どもが主体的に遊んだ方が、結果として多くの学びが得られると考えています。そのためには子どもの主体的な遊びを引き出す必要があります。本校では、子どもが自ら活動を選択する自由遊びを授業のメインにすることで子どもの主体的な遊びを引き出し、その中にほんの少し設定遊びの時間を加えることで、遊びをより豊かにしようと考えています。自由遊びも、設定遊びも、究極の目標は「子どもの主体的な遊びを、より豊かに引きだすこと」なのです。

「D（実施）」では、教師がいかに子どもの主体的な遊びを支えているのか、その中で、子どものねらいをどのように扱っているのか、それらを踏まえ自由遊びでの教師の振る舞いを示します。次に設定遊びの行い方を示した後、最後に自由遊びと設定遊びが交互に行われる実際の授業の中での教師の動きについて、具体例を交えながら紹介します

（1）子どもの主体的な遊びを支えるための教師の振る舞い

1）主体的な遊びを支えるのは難しい？

障害の有無にかかわらず、子どもは遊びながら成長し、お気に入りの遊びの一つ

や二つは当然あり、どんなことでも遊びに変える力をもっていることでしょう。どんな子どもも遊ぶ力をもっています。しかし、設定された場の中では、皆がいつも最大限の主体性を発揮しながら遊べるとは限りません。そこで教師は子どもと一緒に遊び、主体的な遊びを支えようとするのですが、実は、これがそう簡単なことではありません。この問題は知的障害のある子どもの遊びにおいてより顕著になるでしょう。まずは、このことについて考えていきます。

教師が子どもと遊ぶのが難しい理由、それは教師が考える「遊び」の幅の狭さにあります。例えば滑り台にいる子は必ずしも、滑り台を滑りたいと思っているとは限らず、もしかしたら人形を使ったイメージの世界で遊んでいるかもしれません。おままごとの野菜の模型を持っている子どもは必ずしも見立て遊びをしているわけではなく、もしかしたらカチカチと模型を打ち鳴らして遊んでいるのかもしれません。子どもが今行っている遊びは何なのかを踏まえず、「滑り台だから滑ろう」「積み木だから何か作ろう」と誘っても子どもとの遊びが発展することが少ないでしょう。赤木（2019）は、大人の遊び観の狭さゆえ、目の前の子どもの遊びを遊びと捉えられずに、結果として大人が子どもと遊べなくなると指摘していますが、本当にその通りだと思います。

2）子どもの目線に立って一緒に遊ぶために

伊藤（2003）は子どもの遊びが充実するためには、大人が子どもと一緒に心から遊びを楽しみ、子どもと情動を共有することだと述べています。子どもの主体的な遊びを支えるには、子どもの目線に立って一緒に遊ぶことが重要です。そのためには、子どもの実態を踏まえること、そして、今、目の前にいる子どもの目線や表情、周りの環境、その子の遊びの文脈を観察することが必要です。子どもは何を楽しいと感じているのか、何がその子にとっての遊びなのかを考えるのです。

まず実態ですが、これには認知面・身体面・対人面などの能力や特性というものに加え、普段の生活の中での様子も含んで考えています。その子どもが生活の中で自分の力を使って、どのようなことをして、どのようなことが好きで、どのようなことが苦手で…といったことです。

加えて、子どもの目線や表情、遊びの文脈を見ることが必要です。子どもは自分が何をして遊んでいるか説明できない場合も多いでしょうし、そもそも説明できるような筋道立った遊びでないこともあるでしょう。得てして、子どもの遊びは、大人には思いもよらない、斬新なものが多いはずです。そのような子どもの遊びを理解するには、「どういう経緯でこの遊びを行うに至ったか」という遊びの文脈や、「その子が何を見ているか」「どのような時に表情が変わるのか」「友達の遊びや遊具の動きなど周囲の環境の影響を受けているか」といったことに気を配ると良いでしょう。また、子どもの目線になって一緒に同じ遊びをしてみるのも遊びを理解する近道です。子どもと同じ姿勢になって、同じ動きをすることで、新たな発見があるかもしれません。

(2) 遊びの指導ではねらいについてどう考える?

1)「ねらいを大切にすること」と「ねらいを意識しないで子どもと遊ぶこと」の両立

続いて授業でのねらいについて考えたいと思います。確かに子どもの主体的な遊びを支えることで、たくさんの学びを得られるかもしれませんが、その学びの中に個別の指導計画で立てた目標が含まれなかったら、どうすべきでしょうか?教師はねらいをもっと意識して、手だてを考えていくべきなのでしょうか?

この「ねらい」こそ、遊びの指導を難しくする要因の一つと言えます。例えば、初めて遊びの指導を経験する教員の困難に注目した研究(菅原・真鍋, 2022)では、インタビューを受けた4名は皆「ねらいを意識し過ぎて上手く遊べない」という困難を感じていました。ねらいがあると、どうしても「○○すべき」という意識が強くなって、子どもの意図する遊びとは離れていってしまうということです。とはいえ、授業にはねらいが必要なのは間違いありません。遊びの指導で教員に求められるのは「ねらいは大切にしつつも、まるでねらいを意識していないかのごとく子どもと遊ぶ」というなんとも絶妙なバランスに基づく振る舞いだと考えます。

2) どのようなねらいを設定している?

授業での子どもの様子と設定したねらいにズレが生じてしまうのは、何も遊びの指導に限ったことではありません。どの授業でも、そうならないために、実態把握をしっかり行い、妥当なねらいの設定をしようとします。本校でも個別の指導計画[※1]や研究授業の指導案に記す個々のねらいを考えるときには、認知や社会性、運動等の実態把握や学校生活の様子をもとに実態把握を行っています。

これに加え、本校では、設定したねらいと授業での子どもの遊びにズレが生じないようにするために、一つ工夫をしています。それは遊びの指導では、細かく場面や遊具まで限定した具体的な行動をねらいにすることは避けて、少し抽象度を高めたことをねらいにしているということです。例えば、「綿棒と型抜きを使って粘土で目当ての形を成形することができる」というようなねらいではなく「道具を使って自分なりの目的をもって、素材に関わって遊ぶことができる」というような具合です。通常、授業のねらいを立てるときは指導場面や指導方法を具体的にすることが求められます(海津, 2007)。しかし、遊びでは「粘土でなくとも、紙を使った工作や砂遊びでもその子にとって必要な学びをしたと言えるのではないだろうか」「もし粘土で遊ばないとねらいを達成したことにならないというのでは、子どもの学びや成長を見落としてしまうのではないか」というように、ねらいを具体的にすることにこだわらず、子どもに何を学んで欲しいかをしっかり考えることで、子どもの授業で見せる幅広い遊びの姿から、学びを見取ることができるようにしています。

3）ねらいをどう扱う？－遊びを通じた多様な学びを見逃さない－

また、遊びの指導では教師の設定したねらいだけを求めるのではなく、子どもが遊んだ結果生じる多様な学びを見逃さないようにしよう、というように考えています。この「ねらい以外の学びも大切にする」というスタンスと、「子どもは遊びを通じて自ら学ぶ」という子ども観が、「ねらいは大切にしつつ、けれどもねらいを意識していないかのごとく子どもと遊ぶ」ために役立っています。なお、こうした考えは、幼児教育において述べられるホリスティックなアプローチを参考にしています。幼児教育では遊びが教育活動の中心に位置付けられていますが、遊びの中で大人は子どもが行う予想外なことも含め、そこでどのような学びをしているかを見取ります。その背景には次のような子ども観があります。つまり、個々の能力を伸ばすのではなく、子どもを一つの人格をもつ有能な学び手として総合的（ホリスティック）に捉え、教える対象ではなく、学ぶ主体であると考えています（小川, 2010; 吉田, 2014）。

他にも小学校の生活科における方向目標[※2]や、アトキンの提唱する羅生門的アプローチ[※3]が、同様に対象者の主体的な学びに価値を置くアプローチとして挙げられます。

なお、このねらいを気にしすぎない教師の振る舞いを助けるのに、「遊びの記録表」も一役買っていますが、それについては「C（記録・評価）」で詳しく書いています。

（3）自由遊びでの教師の振る舞い

1）子どもへの働きかけの分類

これまでに述べてきたように、遊びの指導では、教師は子どもの遊びを理解しようと努め、ねらいを前面に出さずに子どもと関わることが求められます。では、具体的に授業の中で教師はどのようなことをするのでしょうか。本校では、小学部の教師が行った支援の言語化を試みました。表2-2にその結果を示します。これらの支援を子どもの様子に応じながら、その場その場で判断しながら、つまり「応答的で、即興的に」行うことが必要だと考えます。

2）教師集団が連携するために

子ども同士の関わりを期待し、遊びの指導は比較的大きな集団で行われる傾向にあります。そうした授業の中では教師同士の連携が重要になります。一つずつポイントを述べていきます。

表 2-2　遊び場で行われる支援の種類（平成 27（2016）年度作成）

カテゴリ		具体例
子ども同士をつなぐ		子ども同士が一緒異乗り物に乗っていたところに、別の子どもを誘った。
要求に応える	明確な要求に応える	「シーソーやって」という言葉に応じて、一緒にシーソーを漕いだ。
	思いをくみ取る	工作コーナーで何かを探している様子を見て、粘土の型ぬきを渡す。
遊びに誘う	遊び方を教える	楽器を見ている子どもに対して、その楽器を鳴らして見せた。
	遊びのきっかけを作る	「スプーン」と「プリン」を渡し、ままごと遊びに誘った。
身体的補助		坂を登るのに苦戦している子どもを坂の上から引っ張り上げた。
環境の整理		何か探している様子を見て、机の上を片付けて探しやすいようにした。
見守る		壁を登ろうとする様子を後ろから見守った。

本校研究紀要 42 号（2016）をもとに、一部の表現を改変して作成した

①何を大切にするか？価値観や指針の共有

まず、遊びの指導の授業の中で何を大切にするかを教師間で共有することが必要です。本校では「教師は子どもと一緒に遊び、子どもの主体的な遊びを支え、その結果生まれる学びを見る」ということを共有しています。

これは、「自由遊びを主とする千葉大附属の遊びの指導」における今のところの考え方です。例えば「〇〇ゲーム」など教師が主導する設定遊びを主として行う授業や、「雪遊び」「水遊び」のように季節の行事と絡めて行われる場合、授業で大切にすることが異なるはずです。授業についての考え方は決して固定的ではなく、必要に応じて教員同士で話し合い、授業の在り方とセットで検討していくことが必要です。一人ひとりの教員が「この授業で何を大切にするか」を考えることが必要です。

②子どもの姿に応じ、臨機応変に

通常、授業では教師が何をするか、どの子どもと活動するかは前もって定まっていることが多いでしょう。しかし、本校では「子どもの主体的な遊びを促したい」という考えから、これまで述べたように「即興的で応答的な支援」を大切にしています。誰がどの子どもと、どの遊具で遊ぶかは事前に定めていません。個々の教師が子どもの意図を汲み取りながら遊ぶことで、予想外なことも含め子どもの主体的な遊びや学びが引き出せていると考えます。

③教師間の決まりごと

臨機応変に動くとはいえ、教師の間では以下の通り、いくつか決まり事があります。

■子どもが一人になり過ぎない

遊びの中では子どもが一人で集中して取り組む時間が必要なこともあります。ただし、あまりに長い時間子どもが一人で過ごすことがないよう目を配り、教師同士で声を掛け合い、子どもへの支援を行います。

■安全面は最優先

「P（計画）」で述べたように、遊びの中では「リスク」、つまり子どもが予期し自ら避けることを学ぶべき危険があります。滑り台の上などの高所、工作に使う道具のある場所などがそれに当たります。そうした「リスク」の生じ得る場所は、子どもだけで遊ぶようにはせず、必ず教師が一緒にいるようにします。中には紙や小麦粉粘土などの異食をする子どももいます。そうした場合には、そうした行動に注意が向かないよう他の遊びに誘うか、程度によっては遊具を撤去することも必要になることもあります。

■子ども同士のトラブルへの対応

自由に遊ぶ場では、子ども同士のトラブルはつきものです。ただ、本校の場合、広い場、それぞれに好きなものがある場だからか、幸いにもそうしたトラブルはあまり起こらないのが、ここ数年の状況です。トラブルを自分たちで解決する、折り合いをつけるというのも遊びの中で期待する学びの一つです。ただし、程度によっては新たに子どもの居場所を作る、他の遊びに誘うなど、トラブルを未然に防ぐための配慮が必要でしょう。

【注】

※1 このねらい設定の観点は本校が作成した「遊びの中での学び表」をもとにしています。詳しくは「C（評価）」をご参照ください。

※2 方向目標とは、達成規準を具体的に提示する到達目標に対して、子どもの学び・育ち・成長の方向性を示す教育目標である。例えば「自立への基礎を養う」という目標は当然測定不可能であるが、子どもが自立の基礎を養う方向に育っているかどうかを見極めることはできる。目標に向かうためには、子ども一人一人の育ちの方向を意識し、確かめながら学習や活動を仕組んでいく。教員にとって「子ども理解」の力量を形成することが求められる。それは､子どもの遊びや主体的な活動の中に｢学び｣を見い出し､説明できる力量を形成するチャンスである（木村, 2016)。

※3 羅生門的アプローチについて佐藤（1995）は次のように述べている。1960年代、行動目標として規定し得る目標、容易に測定し得る目標が重要視される傾向にあり、測定が難しい目標については矮小化される傾向にあった。こうした状況に対し、アトキンは行動目標に基づくモデルを「工学的アプローチ」とし、それに対比する形で「羅生門的アプローチ」を提唱した。これは、教室の事実が多様な角度から多義的に解釈できるものであると考え、子どもの活動を様々な視点から記述し、それを多義的に意味付け、目標にとらわれない多方向な学びを見取り、評価していく。こうしたアプローチは小学校生活科や図工・美術などの芸術教科においても取り入れられている（木村, 2016; 松原, 1999など)。

（4）設定遊び－教師が主導する活動－

設定遊びとは、児童が主導する自由遊びに対して、教師が主導して皆で集まって一緒に行う遊びのことを言います。千葉大附属では、自由遊びの授業中、一時的に集まって行う遊びを「設定遊び」として行っています。授業前には、全員で集まって、写真での前日の遊びの振り返りと併せて、設定遊びを紹介する導入ビデオを見てから体育館やグラウンドの遊び場に向かいます。

設定遊びを行う意義は、ひとことで言えば、「教師の教育的意図のもとに、自由遊びだけでは子どもが経験しにくい遊びの機会を作る」というものです。設定遊びを行うことで、皆で一緒に遊ぶ機会、自分からは行わない遊びを経験する機会を生み出せます。そして、設定遊びで行った遊びを、子どもが自分から自由遊びでも行うことも期待しています。

設定遊びは教師主導の活動ですが、「子どもの主体的な遊びを大切にする」という基本的なスタンスは自由遊びと同じです。子どもにとって楽しい活動を行い、子どもが自ら活動に参加するように仕向ける必要があります。

以下では、設定遊びと、それを紹介する導入ビデオについて、内容や作り方のコツなどをご紹介します。

図2-18　遊びの指導の授業の流れ

1）導入ビデオ：設定遊びの紹介

■導入ビデオの流れ

体育館やグラウンドの遊び場に行く前に、教室前のプレイルームに皆で集まって、5分程度のビデオを見ます。このビデオでは、「遊び博士」に扮した教師が、別の教師が操作する人形の「まみちゃん」と遊びを紹介します。紹介した遊びは、設定遊びとして授業の途中に実際に皆で集まって行います。ビデオを見ることで、「今日はどんな遊びをしよう」「早くやってみたい」という、授業への期待感につながると考えています。

■導入ビデオの内容とポイント

・「遊び博士」と人形の「まみちゃん」による遊び紹介

人形の「まみちゃん」と
教師が扮する「遊び博士」

白衣を着て「遊び博士」に扮した教師と人形の「まみちゃん」が登場し、一緒に遊びを紹介しています。毎回遊び博士と人形が登場することで「まみちゃんがいる！」「遊び場が始まった」と子どもたちの期待感が高まります。「遊び博士」は、ビデオを見ている子どもたちに向けて「今日は、○○の遊びをやるよ」「まずは、紙に色を塗るよ」など、適宜言葉掛けをしながら進めます。「まみちゃん」は子ども役として「遊び博士」と掛け合いをしながらブランコに乗ったり、滑り台を滑ったりして一緒に遊び、子どものモデルとなります。人形に加えて子ども役として他の教師が出演する場合もあります。

・見ている子どもの一緒に参加できるようにする

ビデオから「○○さん、見て見て！」「○○さんも粘土じょうずだよね！」などと名前を呼んで子どもに呼び掛けたり、「3、2、1」と掛け声を掛ける場面を作り、ビデオを見ながら一緒に掛け声をかけられるようにしたりすることで、興味を引き出します。

・出演者はいつもに増して、楽しく元気に

ビデオを作った経験から分かったことですが、遊びを紹介するビデオでは、普段子どもと遊ぶときよりも、更に大きな声や派手な身振り…要するに「元気なこと」が必要です。出演者は、「子どもにとって分かりやすく」ということは前提にしながら、楽しく元気に振る舞うことで、ビデオを見る子どもに楽しい雰囲気が伝わります。ビデオ越しではなかなかこの雰囲気が伝わりにくく、いつも以上の「元気」が必要です。

・子どもが「できる」内容を、5分程度で

ビデオで行う遊びは、多くの子どもが見て何をしているか「分かる」こと、そして自由遊びの中で「できる」ことが大切です。内容はシンプルに、その後の遊びの時間をたっぷり確保するためにも、できるだけ5分程度に収めるようにしています。

設定遊び　導入ビデオ視聴の様子

■ビデオ視聴の際のポイント

プレイルームに集まってビデオを見

る際には、「今日の博士は何をして遊んでいるのかな？」「ビデオを見てみよう！」など、子どもたちがわくわくするような言葉掛けをして、子どもの楽しみな気持ちを受け止めながら、和気あいあいとビデオを見ます。

設定遊び（導入）を終え、
遊びの場に向かう様子

ビデオを見た後は、子どもの期待感が生かされるように、子どもたちがそれぞれに自分から遊び場に向かうようにしています。一直線で走って行ったり、教師と話しながら向かったりするなど、様子は様々です。

2）設定遊び：授業中に集まって皆で遊ぶ

■設定遊びの流れ

自由遊びの途中、ビデオに出演した教師が白衣を着て「遊び博士」に扮します。場を整えて設定遊びの準備ができたら、始まりの合図の音楽をかけて子どもたちに設定遊びが始まることを知らせます。設定遊びは、授業開始 2、30 分が経過してから行います。丁度、子どもが行っている遊びが一区切りになることが多いであろうタイミングで行い、遊びにメリハリをつけるという意図があります。後半の自由遊びの時間で、設定遊びで行った遊びを子どもが自分から行うことも期待できます。

①音楽を聴いたら集合！

音楽を掛けて設定遊びの始まりを知らせると、子どもたちが遊具に集まってきます。教師は子どもたちを誘いながら一緒に参加します。取り上げる遊びの内容にもよりますが、おおよそ 9 割程の子どもが参加する中、そのまま自分の遊びを続けている子や、後から設定遊びの場にやってくる子もいます。参加しない子についても、そこで何をしているか、どんな意図があるかなどを探るようにしています。なるべく誘いはしますが、今のその子の姿として受け止めています。

②博士と遊ぼう！

子どもがある程度集まったら、「遊び博士」が設定遊びを進めます。皆で何かを作ったり、やりたい子どもが何人か前に出て遊んだり、順番に遊びを行ったりするなどの様々な遊びが取り上げられます。ここでの遊びは、先ほどビデオで見た設定遊びと同じ内容です。取り上げる遊びごとに進め方は異なりますが、基本的に、楽しい・温かい雰囲気づくりを大切にしています。取り上げる遊びの楽しさや、集団で遊ぶ良さを感じてもらうという点が設定遊びの大きな役割だからです。教師は遊びを盛り上げながら、子どもたちが遊びやすいように道具を用意したり、一人だと遊びが難しい子に声を掛けたりするなど、遊びをサポートします。

③いろんな参加の仕方ができるようにする

設定遊びの良さは、「皆で同じ遊びを行う」といっても、その参加の仕方は様々であるという点です。例えば水を混ぜてスライムを作る遊びで、泥遊びをしたり、坂登り競争の勝者におままごとで作った「お弁当」を渡したり、という具合です。場には居るものの遊びに入らない子ども、教師と一緒に「遊び博士」として参加する子どももいます（子ども用の遊び博士の衣装も用意してあります）。

「遊び博士」役を
行う教師と子ども

③もっと遊びたい子はいるかな？

皆がある程度遊び終わったら、設定遊びは終了です。大体一通り終わるまで10分程度です。設定遊びが終わった後もしばらく「遊び博士」はその場に残り、設定遊びの時間では遊び足りなかった子や、人が少なくなってから遊んでみたいという子と一緒に、取り上げた遊びを行います。中にはさっそく取り上げた遊びを自分からやってみる子どももおり、その支援も行います。

■設定遊びの内容

「皆で一緒に遊ぶ」「遊び方の手本を示す」という観点ごとに、これまでに行った設定遊びの内容を紹介します。

○皆で一緒に遊ぶ機会を作りたい

・皆で一緒にシーソー

「一緒に遊ぶ楽しさを感じる」設定遊びの例として、シーソーがあります。シーソーは浮遊する感覚が楽しく、好きな子どもが多い遊びです。しかし基本的に誰かを誘って一緒に行う必要があるので、自由遊びではなかなか遊べない児童もいます。それを設定遊びで取り入れることで、シーソーの楽しさとともに、友達と一緒に遊ぶ楽しさにも気づいてほしいというねらいです。さらには「1人だと難しいけれど、設定遊びではみんなが周りで応援してくれるからできる」という児童もいます。

・皆で一緒にのれん作り

1人1人がペンやシールを使って短冊状の紙を自由に装飾し、できた作品を合わせてのれんを作ります。素材を使って工作をする遊びです。この設定遊びは「みんな」で工作はするのですが、素材は「1人1つ」あるところがポイントです。作るペースが異なる子どもたちも一緒に参

設定遊びの例「のれんづくり」の様子

加しやすく、自然とみんなと場を共有できます。

○経験の少ない遊びを知る機会を作りたい

・滑り台で、色んな物を使う遊び

滑り台は間口の広い遊具で、これまでたくさんの子どもが遊んできました。それだけではなく、滑り台は、色々な物を使って工夫しながら遊ぶ余地の大きい遊具です。設定遊びでは、滑り台と物を組み合わせて色々な遊びを行ってきました。例えば滑り台の下に段ボール箱を積み上げ、滑って崩すという遊びがあります。「滑り台と箱を組み合わせる」という遊び方を知るとともに、自然と「教師や友達が箱を積んでいる間は滑らないで待つ」という人への意識も生まれます。箱が崩れる様子のインパクトもあり、子どもたちに人気の遊びです。また大きな緩衝材クッションを用意し、大勢でそれにまたがって一緒に滑るという遊びも行いました。みんなで「3、2、1」と掛け声をかけ、タイミングを合わせて滑る遊びです。

これらを設定遊びで行うことで、自由遊び場面でも箱を箱コーナーから持ってきたり、緩衝材クッションを滑り台の上に運んだりして自主的に取り組む様子が見られました。物を組み合わせる設定遊びでは「道具や素材を使って遊びを楽しくできる」という気付きから、さらにいろいろな物を活用して遊びを工夫していってほしいと考えています。

設定遊びの例「すべり台で箱崩し」の様子

・ストーリー性のある遊び

ステージで箱を家に見立てて「3匹のこぶた」ごっこをしました。箱を積んで家を作り、最後にオオカミの帽子を被ったオオカミ役の子どもが登場して箱を崩す、というものです。また、木箱に空いた穴に「カブ」が刺さっている遊具を使って「大きなかぶ」ごっこをしたこともあります。「うんとこしょ、どっこいしょ」の掛け声に合わせて、抜けないカブを引っ張って、呼ばれた子どもがどんどん列に加わっていく遊びです。こうしたストーリー性のある遊びは、ある物を別の物に見立てたり、道具を工夫して使ったりする機会になります。加えて友達と一緒に遊ぶ場合は他者とのイメージの共有、コミュニケーションなどの機会になります。こうした遊びは、本校の多くの子どもにとって「ちょっと難しい」遊びです。難しい遊びを設定遊びで取り上げるのには「参加が難しい子はいないか？」と慎重になる必要があります。「箱を積む、崩す」などストーリーが分からなくとも、楽しめる活動であること、「うんとこしょ」など掛け声に合わせて引っ張る、というシンプルな動きであることなど、多様な実態の子どもが参加できる工夫が込められています。設定遊びがきっかけになり、ストーリーを再現してみる子だけでなく、教師と友達が行っている遊びに、オオカミ役としてなら参加する子、一人で「カブ」を引っ張って遊ぶ子など、多くの子どもの遊び方が変わりました。

設定遊びで取り上げる遊びは、何日か続けて同じ遊びを行う場合もあります。1回目より2回目のほうが、見通しをもって遊びに入りやすくなります。また同じ遊具を続けて取り上げつつ、遊びの内容を変えていくこともあります。例えば滑り台の設定遊びの例を挙げると、1日目「滑り台を滑って積まれた箱を倒す」→2日目「緩衝材のクッションに乗って滑る」→3日目「みんなで滑り台用のクッション・乗り物を制作して滑る」といった具合です。遊具への見通しがもちやすくなると同時に、1つの遊具でも様々な遊びができることを伝えられます。

■設定遊びの作り方

設定遊びを作るにあたって、実際に遊び場に行き、教師同士でアイデアを出し合うという方法を取り、これを「設定遊び検討会議」と呼んでいます。実際に遊具で遊びながら、使う素材を手に取りながら行うことで、机上で考えるよりも良いアイデアが浮かびやすく、またどのように遊ぶかのイメージももちやすいのです。詳しくは3章2節をご参照ください。

表 2-3　設定遊び・導入ビデオの内容、作り方のコツ

■設定遊びの内容例
○皆でやってみよう ・工作コーナーで○○を作ろう ・色水コーナーで色水を作ろう ○経験が少ない遊び／遊び方にチャレンジ ・大きな滑り台で、○○を使って遊ぼう ・「○○ごっこ」して遊ぼう
■設定遊びの作り方のコツ
○子どもにとって遊びたくなる内容に ○待っている子も楽しめるように、テンポ良く ○見た目のインパクトはあるか ○遊具や道具ははっきり目立っているか
■導入ビデオの作り方のコツ
○内容はテンポよく、5分程度に ○遊びの内容だけでなく、楽しい雰囲気も伝わるように ○ビデオに出る教員は、いつもに増して元気よく ○ビデオで注目してもらいたい内容とそうでない部分にメリハリを

（5）実際の授業の中での教師の動き

ここまで自由遊びや設定遊びのポイントについて紹介しました。ここではこのポイントに基づき、実際に授業の中で教師がどう動いているか紹介したいと思います。遊び場単元の、ある１日を見てみましょう。

①前回の振り返り・導入ビデオ

授業のスタートはみんなで昨日の遊びの写真を見るところからです。昨日の写真の振り返りでは「○○ちゃんがこんな遊びをしていたよ」と子どもの遊びのアイデアを紹介したり、子どもが上手にできたことチャレンジしたことを皆の前で褒めたりします。

続いては導入ビデオ。教師は子どもたちと一緒にビデオを見ながら場を盛り上げます。「今日の遊び博士は何をしているのかな？」「面白そうだね！」などと話しながら、ビデオに意識が向くようにしたり、遊びへの期待感を持たせたりしています。

②自由遊び（前半）

ビデオ視聴後、遊び場に向かいます。まずは自由遊びの時間です。子どもたちは遊び場に着くと、それぞれ思い思いの遊具で遊び始めます。教師の担当する子どもや遊具というのは決まっていません。教師は遊び場の中で子どもの様子を見て、即興的に関わっていきます。「何をして遊んでいるのだろう？」「何を楽しいと感じているのかな？」と子どもを観察し、一緒に遊びながら考え、その時々で関わりを決めていきます。必要に応じて遊びを引っ張ったり支えたりと、関わり方は変わります。ただし遊びの指導は特に子どもの主体性を大事にする授業です。そのためできる限り子どもの思いに寄り添いながら応答的に関わっています。以下、教師の関わりの例をいくつか挙げていきます。

滑り台の駆け上がりに挑戦しているＡさんがいました（本校の滑り台は幅が広いので、下から駆け上がるのはOKとしています）。一人ではなかなか上まで登れず、何度も挑戦しています。教師がその様子を見て上から名前を呼んで手を伸ばすと、Ａさんは手をつかんで登ることができました。

シーソーでは１人で座って、友達のＣさんの方を見ているＢ君がいます。誘いたいけれど、どうすればよいか分からないようです。よく観察すると、その場で「おーい」と呼んではいるのですが、友達は別の

「工作コーナー」で遊ぶ様子

遊びに夢中で全く気付いていませんでした。教師が誰とやりたいのか聞いてみると、やはり先ほど見ていたＣさんの名前が挙がります。そこで「近くに行って、肩をたたいて名前を呼んでみようか」と誘い方を伝えたところ、Ｂ君は無事「おーい、Ｃさん、やろう」と誘うことができました。教師は一緒に行って「Ｂ君はシーソーをやりたいんだって。どうする？」など２人をつなぐ役割となります。ＣさんもＯＫしてくれたので、一緒にシーソーをすることができました。シーソーで遊ぶうちにＢ君とＣさんだけでもやり取りしながら遊びが盛り上がっていることを感じたので、教師はその場を離れます。

工作コーナーでは、紙を切っているＤさんがいます。「何を作るの？」と聞いてみますが、Ｄさんは答えません。遊びに夢中のようなので、教師は隣で同じように紙を切りながら見守ることにしました。紙を切っているうちに、「紙を貼り合わせて何かを作ったら面白いのでは？」と教師は思い立ちます。このように遊びのきっかけを作る、幅を広げるのも教師の役割です。教師はセロハンテープやのりを近くに持ってきて、Ｄさんの前で作品を作って見せてみました。しかしやはりＤさんはほとんど反応を示しません。ひたすら紙を切り、切り終わると次の紙を切るということを繰り返しています。そこで教師は「Ｄさんは何かを作りたいわけではなく、切るという感触が楽しいのでは？」とその場で見立てを変え、今度はストローや発泡スチロールを持ってきて切り始めます。するとＤさんは教師をじっと見て「ちょうだい」と言いました。今度は興味を示し、そして実際に切ってみると紙とは違う感覚にはまったようです。このように教師の思いや最初の見立てにとらわれず、実際の子どもの様子から関わり方を変えています。

遊び場では感覚遊びから見立て遊び、運動遊びまで、様々な遊びができるので、大体の子は自分の好きな遊びを見つけることができます。ただ特に入学したばかりの１年生など、不安や見通しの持てなさから遊べない子もいます。「自由に遊んでね」と言われても、大人数の中に入るというのは結構大変です。たとえば１年生のＥ君は遊び場の隅で何をするでもなくうろうろしていました。教師としては遊び場に入って遊んでほしいのは山々ですが、無理に遊びに誘うことはしません。「Ｅ君は何だったら楽しめそうか」を考えていきます。そこで、Ｅ君が学級では水や粘土など感覚遊びが好きだったことを思い出しました。教師は遊び場から水クッションや粘土などを持ってきてＥ君の前で遊んでみます。Ｅ君は少しずつ教師と一緒に遊び場の隅で遊べるようになりました。子どもの思いややりたいことを読み取るには、遊び場以外の生活や授業の様子も参考になります。

なお、こうした支援を行う前提として欠かせないのが安全面への配慮です。小さなおもちゃが散らばったりしていたら踏んづけて転倒してしまうかもしれませんし、子ども同士で物の取り合いなど、トラブルになることもあるでしょう。安全面への対応については本節のP（計画）もご参照ください。

③設定遊び

設定遊び子どもと遊んでいると、設定遊びの始まりを知らせる音楽が流れました。教師は子どもたちを誘いながら、設定遊びの遊具に向かいます。遊び博士が遊びを紹介し、他の教師は道具を持ってきたり、遊びを手伝ったりしながら子どもの遊びを支えます。

設定遊びはできるだけ多くの子どもが参加できるように誘いますが、全ての子どもが来るわけではありません。設定遊びをやっている時間も、自分の遊びをしている子どももいます。なるべく設定遊びに手をかけながらも、そうした子どもたちからも目を離さないように教師が見守ります。

④自由遊び（後半）

設定遊びが終わると、授業終了まで自由遊びです。触発されて設定遊びをやってみる子もいますし、全然違う遊びをする子もいます。

終わりの音楽が鳴ったら授業終了です。中には「まだ遊んでいたい！」という子もいますが、子どもたちと「楽しかったね」「明日も遊ぼうね」と話しながら教室に帰ります。子どもたちが「遊びきった！」「楽しかった！」と思えるような満足げな表情を見せてくれると、教師としてとても嬉しく感じます。

以上、遊び場での教師の動きを紹介しました。このように教師は子どもと遊びながら即興的に関わっていきます。時には教師が遊びのきっかけを作って引っ張り、時には後ろから子どもたちの遊びを支えます。はっきりした関わり方など決まっているわけではありませんので、何だか難しいことをしているように思うかもしれません。実際に教師主導の授業とはまた違った、難しい部分はあります。即興性や応答性のある関わりはすぐにできるものではありませんが、困ったときは周りの教師や子どもたちの様子を見てみるとよいでしょう。教師がどう関わっているのか、そして何より子どもたちがどうやって遊んでいるのか観察してみることが役に立ちます。

3. C（記録・評価）：遊びと学びを記録・評価する

（1）記録と評価のポイント

「D（実施）」では、本校の遊びの指導における教師の振る舞いのポイントとして、以下の2点を確認しました。

■ねらいがあると上手く遊べない。遊びの指導では、「ねらいなんて意識していないかのごとく子どもと遊ぶ」ことが必要

■ねらいだけに焦点的にアプローチするのではなく、遊びを通じた多様な学びを見逃さないようにする。

これは、設定したねらいに対して直接アプローチする授業とは異なる、遊びならではのものです（遊び以外にもこうしたホリスティックな関わりが行われる分野もあります）。本校では、こうした授業における記録・評価のツールとして「遊びの記録表」（図 2-19、2-20）を用いています。遊びの記録表の特徴は「①子どもの様子をありのままエピソードで記録し、②その後エピソードにどのような学びが含まれているかを読み取る」という順番で記録と評価を行うことです。順に説明します。まず①は、子どもの様子について、評価項目の有無をチェックするチェックリストと違って、評価のことは一旦気にせず、まず子どもの遊びのエピソードを生き生きと記録するということです。これで、授業中の教師は学びや評価よりも、子どもの生き生きした遊びの様子に目を向けることができます。そして②では、子どものエピソードに含まれる学びを、できるだけ幅広い視点で見取ります。その学びは当然あらかじめ設定したねらい以外の学びも多分に含みます。このとき遊びの指導での評価の観点がまとめられた「遊びの中での学び表」（図 2-23）を、学びを見取る枠組みにしています。遊びの記録表と遊びの中での学び表は、子どもの遊びを生き生きと記録し、遊びを通じた多様な学びを見逃さないようにするためのツールなのです。

実は本校でも、チェックリストで効率的に記録・評価を行おうとしたこともあったのですが、紆余曲折を経て今の形に落ち着きました。

次節から作成の経緯も含めて、「遊びの記録表」と「遊びの中での学び表」についてもう少し詳しく説明します。

（2）子どもの様子を「ありのまま」記録しよう－「遊びの記録表」の作成－

1）ねらい・評価の共通の視点をもつために－「遊びの記録表」の導入－

本校で遊びの記録表を導入する平成 26（2014）年より前は、目標設定についての話し合いの場はありましたが、基本的に一人一人の教師が個々の思いや経験を基に、個々のねらいを設定していました。そのため慣れない教師にとっては、子どもに対しての系統的なねらいを設定し、発達を促していくのがなかなか難しい状況でした。そこで、教師間で共通の指標をもって授業を行うために、遊びの記録表を導入しました。

2）エピソード記録の重視－「遊びの記録表」の修正－

導入当初、遊びの記録表では、ねらいの観点として「人と関わる力」を設定し、チェックリスト形式で、子どもの遊びの変容を記録しました（図 2-19）。初めはチェックリ

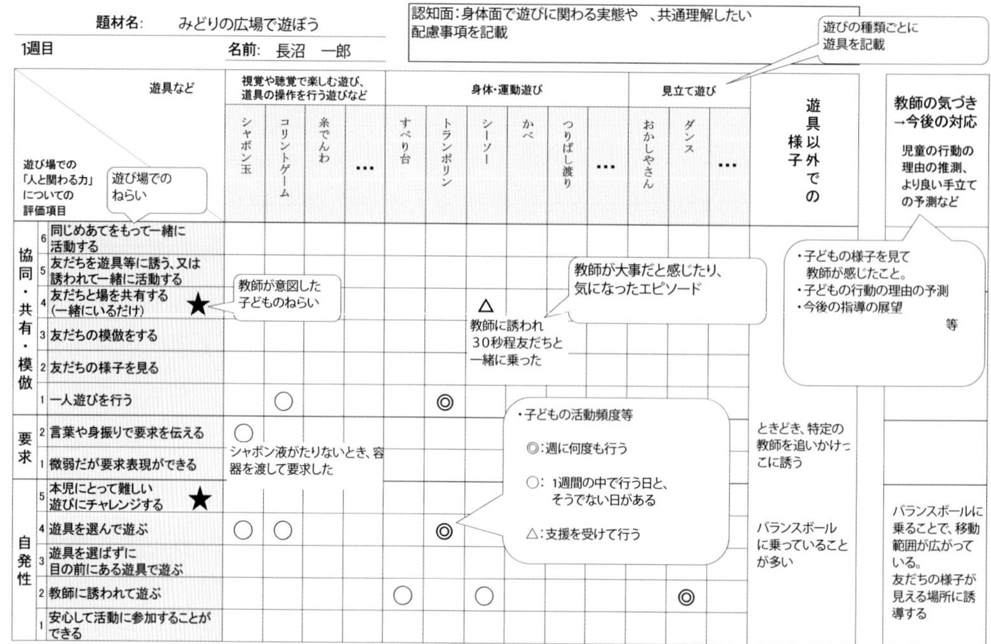

図2-19 導入初期の遊びの記録表(平成26(2014)年)

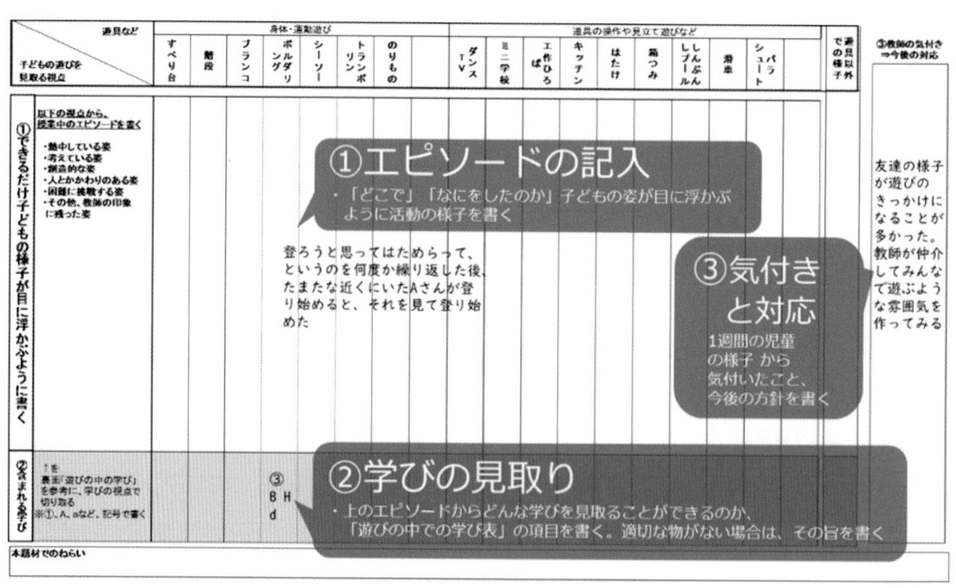

図2-20 現在の遊びの記録表(令和4(2022)年)

ストに○×を付けるのみでしたが、「○×のチェックだけでは、記録から子どもの様子が分からない」といった反省の声が挙がり、○×のチェックに遊びのエピソードを書き加えることにしました。

3)評価の視点の拡大－「遊びの中での学び表」の作成－

導入当初こそ「見るべき観点が分かりやすくなった」と感じましたが、使い込んでいくうちに「評価の視点が『人と関わる力』だけでは、子どもの遊びの中での学びを捉えきれない」「子どもはもっと豊かな経験をしていたはず」といった意見が挙がるようになりました。そこで、「遊びの指導の授業の中で子どもがどんな学びをしているか」を改めて考え、評価規準を「人と関わる力」から別の物に刷新することになりました。そこで「遊びの中での学び表」が作成され、評価の規準は、発達全般を捉えようとする幅広いものになりました。「遊びの中での学び表」については次項で詳しく説明します。

4）遊びの記録表の使い方

「遊びの記録表」を使って、どのように記録をしたり情報を共有したりしているか、実際の例を交えながら紹介していきます。

■子ども一人につき、週に一枚担当が記入する

遊びの記録表は、単元ごとに子ども全員分を記入しています。単元期間は単元ごとで多少前後するものの、1単元（3～4週間）につき3枚程度記録することがほとんどとなっています。

本校小学部の場合、低学年・中学年・高学年の各学級で子ども6人、担任が2～3人なので、一人当たり2～3人分の記録を担当します。1週分を書き溜め、後述するカンファレンスにて担当した子どもの記録や読み取り、気付きについて発表します。

■担当の子ども以外の記録は、付箋に書いて担当に伝える（図2-21）

先ほど、「担当」という言葉を用いましたが、一人一人の子どもの意図を大切にしたい本校の遊びの指導では、どの教師がどの子どもと遊ぶか、というのに担当の子どもかどうか、というのは関係ありません。では、教師はどうやって記録を担当する子どもの遊びの様子を把握するのでしょうか。記録のために担当の子どもを追いかけたり遊びに入らずに観察に努めたりはしていません。教師一人一人が、担当の子ども以外の様子について、関わった子どもや、近くで見た姿などを付箋に記入して、積極的に担当に伝えるようにしています。付箋を介した教員間のやりとりで「あのとき○○さん、△△さんの真似してこんな遊びをしていて…」「え！その遊び、別のときに一人でもやってたよ」というように、他の教師が関わった姿と担当が見ていた部分的な姿が、文脈としてつながり、一つの

図2-21　カンファレンスの様子と付箋

気付きが生まれるといったケースもたくさんありました。

■遊びの記録表カンファレンスで話し合う (図 2-21)

遊びの記録表に記入した子どもの様子を教師間で報告し合います。これを「遊びの記録表カンファレンス」と称して週に1回程度行っています。カンファレンスは情報共有としての意味合いだけでなく、「他の教師がこんな視点で子どもをみているのか」ということを知る、研修の場としても機能しています。

■記録表は参照しやすいように保管する (図 2-22)

学年が進むにつれて、当然記録表の枚数は増えていきます。これまでの実践の中でも「昨年の外の単元ではどんな様子だったのかな」と過去の記録を参照することがあり、そこから支援に関する気付きがあったり、子どもの学びや変容を実感したりする場合もあります。そのため、記録表は参照しやすく保管しておくことも大事なポイントと考えています。

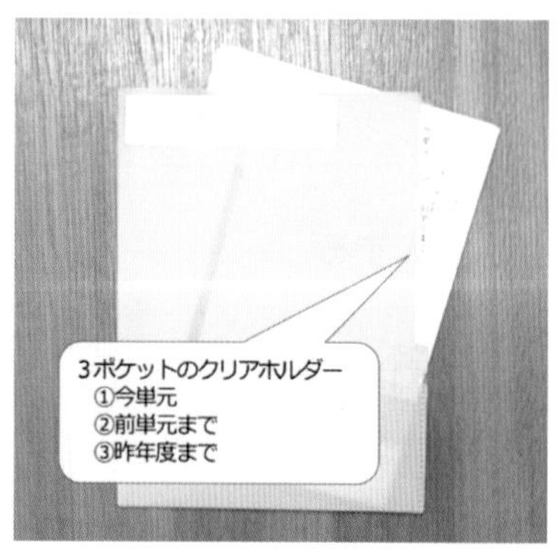

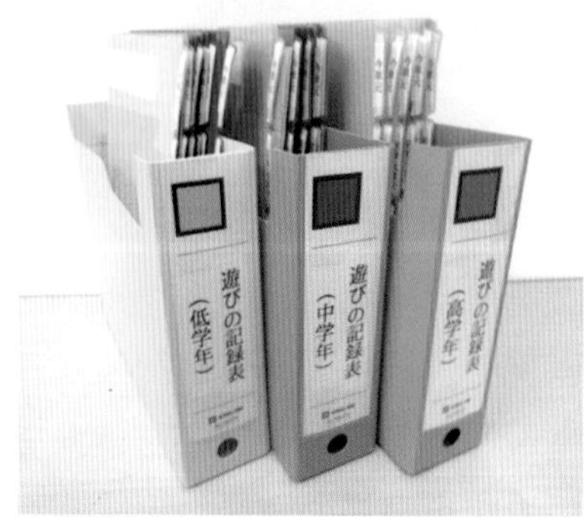

図 2-22　個人ごとクリアファイル (左) とボックス (右)

本校では、子ども一人につき、3ポケットのクリアファイルを一つ用意し、その中に保管しています。3つのポケットを「①今単元」「②前単元まで（年度内）」「③昨年度まで」と分けて使用しています。普段は学年ごとの収納ボックスに入れて保管しており、年度末にファイルの中をまとめて別の大きなファイルに移して保存しています。

5）遊びの記録表の効果

遊びの記録表では、「評価の観点にそってエピソードを書く」という様式ではなく、一つの場面も見方によっていろいろな学びが含まれていると考え、①エピソードをありのまま記録し、②エピソードにおける学びを読み取る、という流れで記録を行いました。これにより、次の2つの意義があったと考えます。

■子どもがどのような意図をもっているかに注目しやすくなる

「観点に沿ってエピソードを記述する」から「エピソードで子どもの姿をありのまま記述する」というのは些細な変化のようですが、これにより子どもがどのような環境で、どのような文脈の中で、どのような意図をもって遊んでいるのかを書きやすくなり、結果として個々の教員が書くエピソードの質が向上しました。特に、「子どもの意図の読み取り」はエピソードを書く上で欠かせないものとして認識されるようになりました。

■ねらい以外の学びにも目を向けやすくなる

子どものありのままの姿を記録することで、視点が狭まることなく、多様な学びを見取れるようになりました。ねらい以外の学びにも目を向けられることで、教師が設定したねらいを意識し過ぎて、子どもと上手く遊べなくなることが避けられ、「ねらいを意識していないかのごとく子どもと遊ぶ」ことができます。

また、一人一人の教師が直感的に「あ、これもいい姿だな」と感じたところを書き加えることができるようになり、授業に生かせるようになりました。

(3) エピソードを評価しよう－「遊びの中での学び表」の作成－

1) 評価の規準を作ろう

記録表を活用した評価が進んでいくうちに、「人と関わる力以外の学びがもっとあるのではないか」「教科の学びはどのように評価すべきか」といった声が挙がるようになり、ねらい設定のためのツールとして「遊びの中での学び表」を作成しました。これは当時の事例児7名分の、本校の遊びの指導の授業での目標や様子を発達のまとまりごとに並べ替え、「遊びの中での学び」としてまとめたものです。現在でも子どもたちの学びに応じて、更新しながら活用しています。図2-23に一部を抜粋したものを、図2-24に全体の概要図を載せました。本文は本校ホームページに掲載しております。

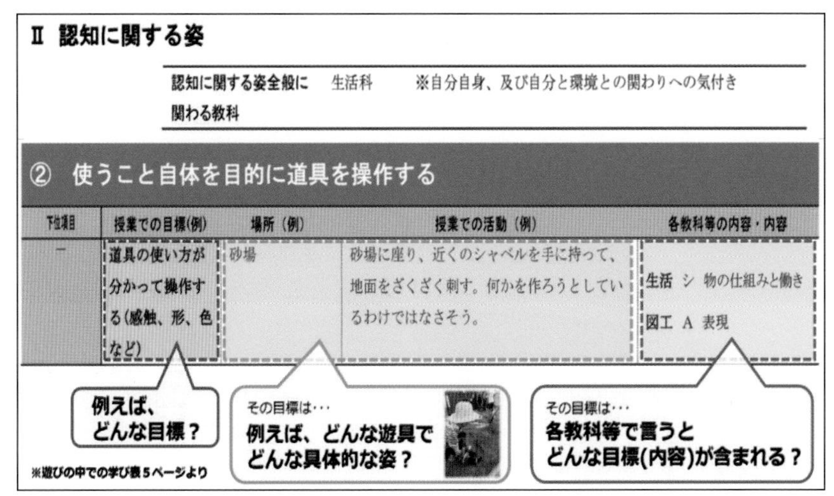

Ⅱ 認知に関する姿

認知に関する姿全般に関わる教科　生活科　※自分自身、及び自分と環境との関わりへの気付き

② 使うこと自体を目的に道具を操作する

下位項目	授業での目標(例)	場所(例)	授業での活動(例)	各教科等の内容・内容
―	道具の使い方が分かって操作する(感触、形、色など)	砂場	砂場に座り、近くのシャベルを手に持って、地面をざくざく刺す。何かを作ろうとしているわけではなさそう。	生活　シ　物の仕組みと働き 図工　A　表現

図2-23　遊びの中での学び表（一部抜粋）

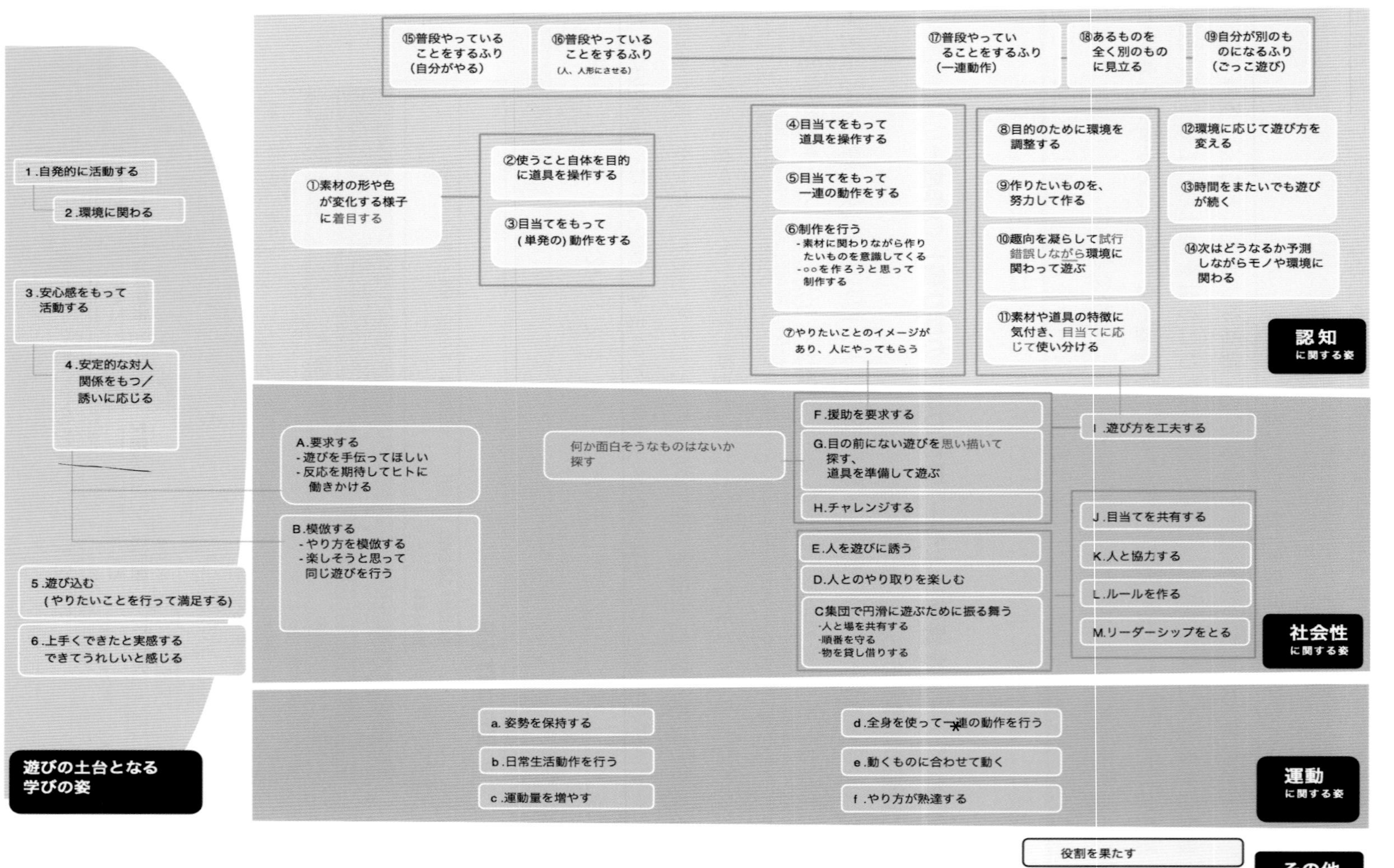

図 2-24　遊びの中での学び表（概要図）　※赤字は令和３（2021）年度に変更した部分

2）評価の規準は、何をベースにする？

子どもの学びをまとめ評価の規準を作る際に、どのようにまとめると使いやすいものになるかという議論がなされました。結論として、できるだけ遊びの経緯や文脈に寄り添いやすい「全般的な発達の視点」で、学びをまとめることとしました。また、各教科等の視点からの学びも見取れるように、学びの観点の後に、各教科等の内容でも説明できるように記載しました。なぜ、どういった経緯でそうなったかを述べていきます。

■教科等の内容に軸足を置くと…

当時、実際に子どもたちの遊びの様子を収集し、各教科等の視点でまとめる方向性も試みましたが、なかなかうまくいきませんでした。図2-25は、3つの遊びの様子を、教科等の視点と発達の視点で見たときの例です。どんぐりを使った3つの遊びの様子を例に見てみましょう。各教科等の視点でまとめてみると、これら3つの遊びをそれぞれに独立した項目で捉えることになります。これにより、遊んでいる子どもの意図が見えにくくなったり、子どもの「次は音楽や図工の2段階をねらいに…」というように、実際の遊びの様子からではなく、「次は～すべき」「～してほしい」という教師の意図が強くなったりすることが懸念されました。また「良い姿だけど教科の内容でうまく説明できない」というような事態も懸念されました。

■発達に軸足を置くと…

今度は、認知に関する発達の視点で3つの遊びを見てみましょう。どんぐりを使った遊びを好きな子どもが、「音を聞くために単純な道具操作をする」「目的の道具を作るために、複雑な操作を行う」「場面をまたいで、目的をもって遊びを広げる」というふうに、子どもの遊びの文脈、つまり子どもの意図による自然な遊びの移り変わりに沿って、連続的に捉えることができます。そこで「発達の視点に沿って学び

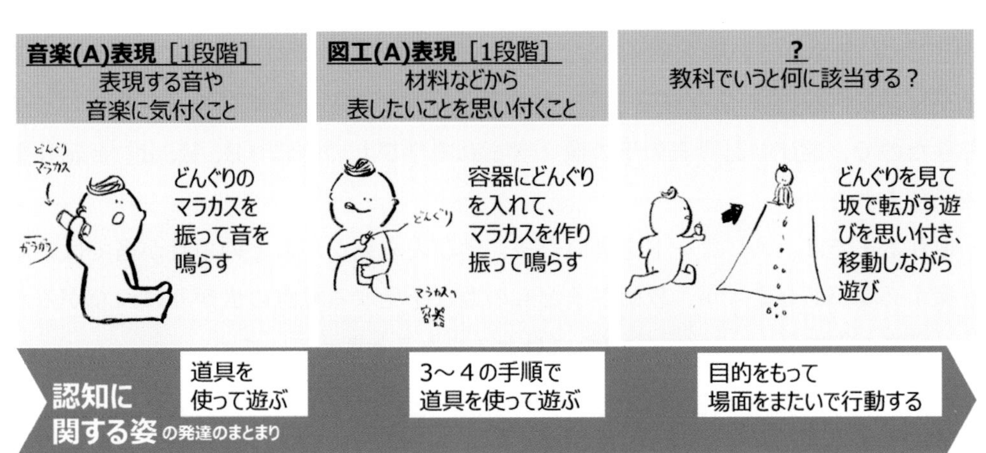

図2-25　各教科等の視点と発達の視点から見た子どもの遊び

をまとめ、それらの遊びを教科等の視点で説明できるようにする」という形にすることにしました。

3）遊びの中での学び表－使い方－

「遊びの中での学び表」を使って、どのように評価をしていくか、具体的な例を交えながら紹介していきます。

実際にエピソードを評価するときには、遊びの記録表（前掲、図2-19）と遊びの中での学び表（前掲、図2-23）の両方を手元に用意し、図2-26のように見比べながら学びを見取っていきます。記録表のエピソードの中には、周辺情報や文脈を含む情報が記載されているので、遊びの姿をイメージしながら遊びの中の学び表の項目を見ていくと良いでしょう。

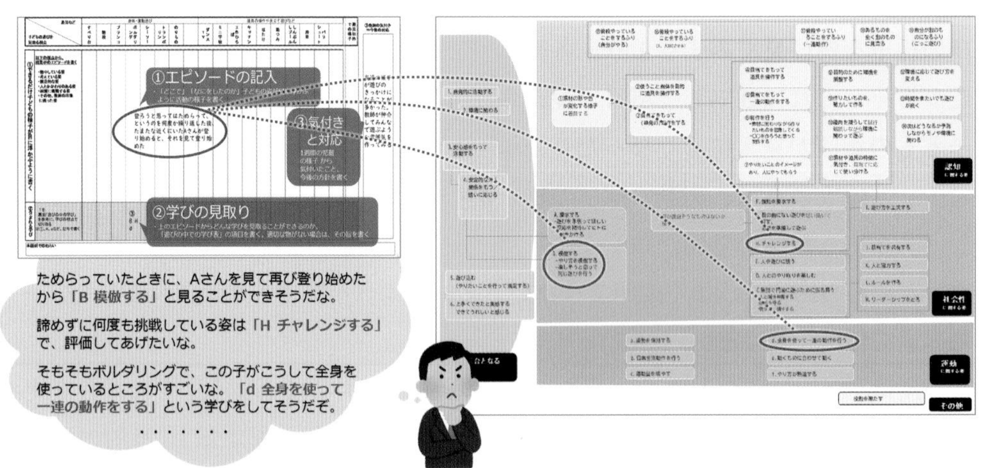

図2-26　遊びの中での学び表を使ってエピソードを評価するイメージ

図2-26では、「登ろうと思ってはためらって、というのを何度か繰り返した後、近くにいたAさんが登り始めるのを見て登り始めた」というエピソードを評価しようとしています。この姿をイメージしながら、遊びの中での学び表の「B 模倣する」「H チャレンジする」「d 全身を使って一連の動作をする」という学びを評価することができたので、遊びの記録表の下の欄「含まれる学び」の中に「B、H、d」と記号を表記します。

慣れるまでは、エピソードを書いた後、学び表を見ながらどの項目が当てはまるか探す必要がありますが、教師が子どもの遊びを見取る視点の広がりにつながるため、研修の意味合いもあり、大事なプロセスであると考えています。

また、項目を探している中で、「いい姿だけど合致する項目がない」ということが時折あります。こうした際は、カンファレンスで話題に挙げ、新たな学びの視点として、学び表の中に加えて共通理解を図ることもあります。

R4年度　6月　「わくわく広場で遊ぼう！」【6月6日～6月10日】

1 週目	児童氏名：Aさん	配慮事項、全体にお願いしたいこと等：						
遊具など／子どもの遊びを見取る視点	身体・運動遊び							
	滑り台	坂	スラックライン	（　　）道	乗り物	新聞紙プール	パラシュート	工作
①遊びの様子 以下の視点から、授業中のエピソードを書く	6/6 少し怖さもあるのか、坂を途中まで登って降りるを繰り返し、最後は教師と一緒に登りきり「まてまて」と追いかけっこをしつつ一緒に座り、滑る。その後も教師と同じ流れで一緒に3～4回滑る。 6/8 教師の誘いを受け、あおむし号へ。一度拒否もあったが、受け入れて滑ってみる。 6/9 坂を一人で登ってきて足を下に向けてうつ伏せで滑るを繰り返す。周囲の様子を伺っていて、滑るタイミングを見計らっているようだった。 6/10 滑り台上面で友達が乗っているあおむし号に乗せてもらって、滑る。		6/6 スラックラインは教師を連れてきてトランポリンのように飛び跳ねて遊ぶ。	ドレミマットお気に入り！ 滑り台への登りスロープに並べるのがお気に入り！誰かが遊んだ後、ひとつふたつ置いてあると全部並べたい様子		6/10 教師が入っている所を見て楽しそうと思ったのか、自分から入ってくる。…がすぐに出ていく	6/10 友達や教師が遊んでいると近くにくるが誘われると拒否 やってみたい気持ちはある？	週末の遊びの終わり際、遊びはしないものの気になり始めてきた！ 来週あたりは遊び始めるかな？？注目！
②含まれる学び ↑を「遊びの中の学び」を参考に、学びの視点で切り取る	3 安心して活動する 4 誘いに応じる 5 遊び込む F 援助を要求する B 楽しそうと思い同じ遊びを行う C 人と場を共有する H チャレンジする		3 安心して活動できた 4 誘いに応じる	5 遊び込む G 道具を準備して遊ぶ		3 安心して活動する 4 安定的な人間関係をもつ ① 形や色が変化する様子に着目する B 楽しそうと思い同じ遊びを行う	4 B楽しそうと思い同じ遊びを行う	

③教師の気付き⇒今後の対応

単元が始まり、初めはひたすら滑り台！

まずは満足するまで遊び込むように（昨年度の姿から）

↓

同じ遊びでも遊び方に変化＋多様な学び

授業の後半に、周囲に目を向けている様子
⇑
誘いの受け入れ良いタイミング

カンファレンスより

誘うと構えることが多いので、「連れていく」のではなく、楽しそうに遊んでみせるのが良い？

本題材でのねらい	周囲の友達や教師を見て、様々な遊びに参加することができる。

図2-27　Aさんの遊びの記録表　1週目

（4）実際の単元の中での「記録・評価」

令和４（2022）年６月に実施した単元「わくわく広場で遊ぼう」での授業の中での記録や評価の有り様を、Ａさん（2年生の男子、ASD）を事例に紹介します。図２-27、28は実際の遊びの記録表をもとに作成し、写真を付け足したものです。

図中・本文中の「含まれる学び」に記載されているアルファベットや数字は「遊びの中での学び表」（図2-24参照）の評価項目の、領域ごとの通し番号です。

１）Ａさんのこれまでの遊びの様子と、ねらいの設定

１年生のときのＡさんは滑り台やトランポリンなどのダイナミックな遊びを好み、一人で遊び込んでいました。夢中で遊ぶ姿は大切にしたいと思いつつ、普段の生活では経験を基に興味関心が広がっており、遊びにおいても活動の幅を広げてほしいと考えていました。そこで単元でのねらいを「周囲の友達や教師を見て、様々な遊びに参加することができる」としました。

２）１週目の遊び －滑り台での遊びの変化と他の遊びへの興味の芽生え－

１週目は前回の単元と同様に滑り台で長い時間過ごしていました。単元3日目に「『あおむし号』に乗って滑り台を滑ろう」と教師から誘われ、しぶしぶ応じる様子がありました。このときは乗り気ではないようでしたが、単元5日目には友達の輪に加わって「あおむし号」で遊ぶようになりました。こうした姿をエピソードとして記録し、「遊びの中の学び表」と照らし合わせて「4：誘いに応じる」「B：楽しそうと思って同じ遊びを行う」「C：人と場を共有する」などの学びがあったと評価しました。同じ「滑り台」での遊びにおいても、多様な学びがあったことが分かります。

単元４日目以降には新聞紙プールでの友達の様子を模倣して遊びました。これを興味関心が広がった姿と考え、エピソードとして記録しました。Ａさんにとって、この遊びがどのような意義をもつか考え「B:楽しそうと思い同じ遊びを行う」に加え、「3：安心して活動できた」という点も評価しました。

遊びの記録表への記入やカンファレンスを経て気付いたことを「教師の気づき⇒今後の対応」に書きました。「１週間を通して滑り台で遊ぶことが多いが、その中でも遊び方に変化がある」、「授業の後半に周囲に目を向けているときは誘いの受け入れが良い」ことに気付き、「タイミングを見て楽しそうに遊んで見せ、誘ってみる」という支援の方向性を導き出しました。

３）３週目の遊び －単元での変容や次単元につながる気付き－

３週目の始め、滑り台では自分で「あおむし号」を用意して遊ぶようになりました。こうした様子を「G：道具を準備して遊ぶ」と評価しました。１週目から、さらに遊び方が広がっていることが分かります。しかし、それ以降滑り台での遊びは徐々に減り、Ａさんの関心は他の遊具に移り変わっていきました。１週目と３週目の遊び

の記録表（図2-27、28）を比べると、遊ぶ場所の違いがよく分かります。

3週目から行うようになった遊びの一つに乗り物遊びがあります。乗り物遊びでは普段友達に働き掛けることがほとんどないAさんが、友達を遊びに誘う場面がありました。よく同じ場で遊んでいる友達がいないことに違和感を覚えたのかも知れません。ねらいには含まれませんが、Aさんにとって良い姿だったと捉え、エピソードを記録し「E：人を遊びに誘う」と評価しました。

「工作」では、段ボールの囲いに入る友達を模倣して遊ぶようになります。遊んでいるうちに、担任のB先生を呼んできて、自分が入った囲いにふたをしてほしいと身振り手振りで伝えます。二人で試行錯誤しながら、なんとか完成させました。この姿を記録し、「⑦：やりたいことのイメージがあり、手伝ってもらいながら制作をする」「⑨：作りたいものを努力して作る」と評価しました。このエピソードをどう評価するか悩みましたが、イメージをもっていたこと、上手くいかなくてもあきらめず試行錯誤していたことを踏まえ上記のように評価しました。今回は既存の項目で評価しましたが、時には「遊びの中での学び表」の項目にない学びを考える場合もあります。

Aさんのクラスでは帰りの会に振り返りを行い、今日やった遊びや好きな遊びを発表しています。Aさんは遊具の写真が一覧になったプリントを指さして発表しているのですが、3週目になると指さすものが、滑り台から「道」に変わってきました。Aさんの心情をよく読み取れるエピソードだと思い、遊びの指導の時間ではないのですが、記録して「5:やりたい遊びを行う」と評価しました。授業の枠に捉われずに、子どもの様子を記録できるところは、エピソード記録の強みであると思います。

最後に、3週目の様子だけでなく単元全般の様子を踏まえ、「教師の気づき⇒今後の対応」を記入しました。次の単元につながるように「囲まれた秘密基地感が好きなのかも」などの遊びのアイデアや、「この単元を通じて人を意識し、周囲に目が向くようになってきた」といった本単元での学びの総括等を記入しました。

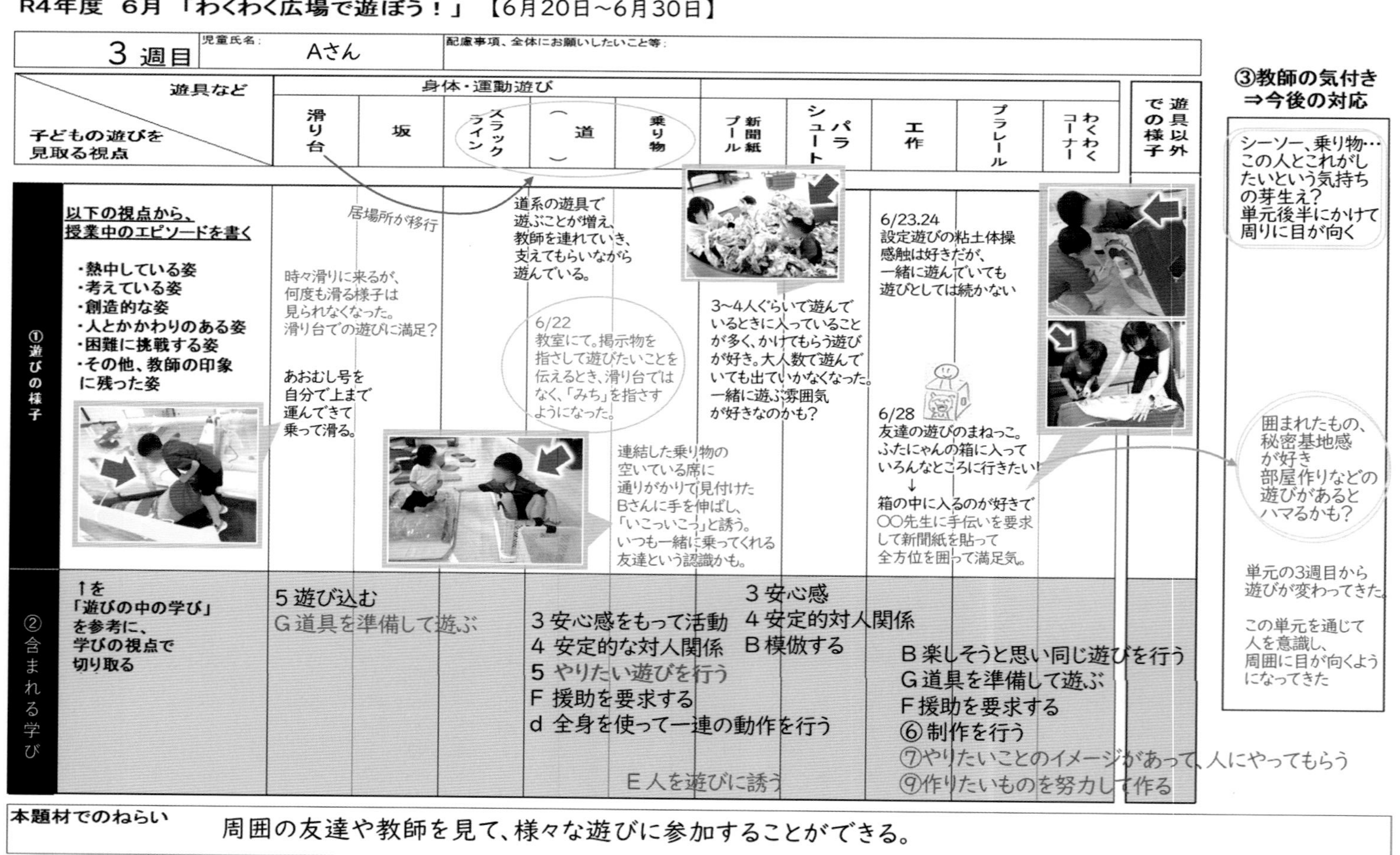

R4年度　6月　「わくわく広場で遊ぼう！」　【6月20日～6月30日】

3 週目	児童氏名：Aさん	配慮事項、全体にお願いしたいこと等：

遊具など / 子どもの遊びを見取る視点	身体・運動遊び：滑り台	坂	スラックライン	（道）	乗り物	新聞紙プール	パラシュート	工作	プラレール	わくわくコーナー	遊具以外での様子
①遊びの様子 以下の視点から、授業中のエピソードを書く ・熱中している姿 ・考えている姿 ・創造的な姿 ・人とかかわりのある姿 ・困難に挑戦する姿 ・その他、教師の印象に残った姿	居場所が移行 時々滑りに来るが、何度も滑る様子は見られなくなった。滑り台での遊びに満足？ あおむし号を自分で上まで運んできて乗って滑る。		道系の遊具で遊ぶことが増え、教師を連れていき、支えてもらいながら遊んでいる。 6/22 教室にて。掲示物を指さして遊びたいことを伝えるとき、滑り台ではなく、「みち」を指さすようになった。		連結した乗り物の空いている席に通りがかりで見付けたBさんに手を伸ばし、「いこっいこっ」と誘う。いつも一緒に乗ってくれる友達という認識かも。	3～4人ぐらいで遊んでいるときに入っていることが多く、かけてもらう遊びが好き。大人数で遊んでいても出ていかなくなった。一緒に遊ぶ雰囲気が好きなのかも？		6/23.24 設定遊びの粘土体操 感触は好きだが、一緒に遊んでいても遊びとしては続かない 6/28 友達の遊びのまねっこ。ふたにゃんの箱に入っていろんなところに行きたい！ ↓ 箱の中に入るのが好きで〇〇先生に手伝いを要求して新聞紙を貼って全方位を囲って満足気。			
②含まれる学び ↑を「遊びの中の学び」を参考に、学びの視点で切り取る	5 遊び込む G 道具を準備して遊ぶ		3 安心感をもって活動 4 安定的な対人関係 5 やりたい遊びを行う F 援助を要求する d 全身を使って一連の動作を行う		E 人を遊びに誘う	3 安心感 4 安定的対人関係 B 模倣する		B 楽しそうと思い同じ遊びを行う G 道具を準備して遊ぶ F 援助を要求する ⑥ 制作を行う ⑦やりたいことのイメージがあって、人にやってもらう ⑨作りたいものを努力して作る			

③教師の気付き⇒今後の対応

シーソー、乗り物…この人とこれがしたいという気持ちの芽生え？単元後半にかけて周りに目が向く

囲まれたもの、秘密基地感が好き 部屋作りなどの遊びがあるとハマるかも？

単元の3週目から遊びが変わってきた。

この単元を通じて人を意識し、周囲に目が向くようになってきた

本題材でのねらい	周囲の友達や教師を見て、様々な遊びに参加することができる。

図2-28　Aさんの遊びの記録表　3週目

4. A（改善）：授業を振り返る

一口に授業の改善といっても、様々なタイミングで行うものがあります。ここでは①授業中にその場その場で行う改善、②単元中の授業の改善、③単元ごとの授業の改善の３つに分けて考えたいと思います。子ども主導の自由遊びならではのものや、複数の教師が関わる授業ならではのもの、複数の遊具を設置するランド型の授業ならではのものなど、いろいろな要因が授業の改善の在り方に関わっています。

(1) 授業中の改善

1）授業中に即興的に行う「改善」

「2. D（実施）」で述べたように、本校では子どもの遊びを理解し、応答的で即興的な支援を行うことを大切にしています。「応答的」とは、子どもが今、その場で行っていることに目を向け、その意図を汲んだ上で働き掛けるということです。このとき、教師は前もって考えた支援の方法にとらわれすぎず、その場その場で子どもにどう関わるかを考える必要がある、ということが「即興的」ということです。そして、この応答的で即興的な支援は、教師のその場その場での授業改善の上に成り立っています。

2）授業中に何を改善する？

①子どもへの関わり方の「改善」

例えば、子どもが砂場で砂を触って遊んでいるとき、傍で見ていた教師がもっと遊びが発展すると良いと思って遊びに加わるとします。そこで教師はまず、「お団子」を作る手本を示したり砂を上からぱらぱら撒いてみたりと、様々なやり方を試してみるでしょう。そのまま遊びが始まるかもしれませんが、子どもが誘いに乗らず上手くいかないことも当然あるでしょう。その場合には、教師は子どもの意図を探り、それに応じて関わり方を改善していきます。もし子どもが感触を楽しんでいるのであれば、もっと感触が楽しめるよう砂山を作ったり、砂の中のどんぐりを拾っているのであれば、どんぐりを集めるための容器を渡したり…といった具合です。他にも、他の子どもを一緒に遊ぶように誘ったり、それ以上は誘わずに見守ったりすることもあります。このような関わりは「2. D（実施）」の表2-2の「遊びに誘う」「子ども同士をつなぐ」「見守る」等です。

②環境の修正・調整

子どもの遊びを支えるには、必ずしも教師が直接介入する必要はありません。環境を改善・修正することで、子どもの遊びを支えることができます。

a）目当てのものを見つけられるように物を片付ける

キッチンコーナーでのおままごと、おもちゃが散らかっていると、子どもが、もしフライパンで何かを作って遊びたいと思っても見つけられないかもしれません。子どもが何か探していたら、目当てのものを渡すより、ササっと場を整理するのが、より良いやり方かもしれません。

b）身体を動かして遊べるように動線を確保する

追いかけっこや乗り物遊び、場をめいっぱいに使って遊ぶことが少なくありません。そして、こうした遊びは、普段よりも友だち同士の関わりなど学びのチャンスが生まれやすい遊びだと言えます。そのような中、せっかく生まれそうな学びのチャンスを逃さず、遊びが円滑に行われるようにするため、床に置かれた遊具やおもちゃを動かし動線を確保することが良い結果を生むかもしれません。

（2）単元中の授業の改善

1）教師の共通理解のもとに行う改善

本校では遊びの記録表カンファレンス（もしくは定例の会議、または立ち話）で、子どもの遊ぶ様子を振り返り情報共有を行うとともに、必要に応じて、今後の改善策について話し合います。授業中に個々の教員が感じた「もっとこうしたいな」というアイデアを共有したり、困ったときの対応を考えたりします。遊びの記録表カンファレンスをはじめとした情報共有の方法については、第３章をご参照ください。

2）単元中に何を改善する？

①子どもへの関わり方の「改善」

遊びの記録表カンファレンスでは上手くいったエピソードだけでなく、例えば「Aさんが､前の単元よりも座っている時間が長く､楽しんでいないように見える」といった悩みを共有し、その対応について話し合います。すると「〇〇のように誘うと応じてくれたことがあるので、試してみてはどうか」「今はそれがその子にとっての活動なのだから、何をしているかよく見てみてはどうか」といった助言が行われ、子どもへの支援に生かされています。

②環境の修正・調整について

■遊具の数や配置の調整

どれだけ慎重に単元を構想したとしても、遊びの指導では実際に授業を行ってみると構想通りにいかないことの方が多く、環境の修正・調整はつきものです。例えば、遊具や道具の数が増えて動線が確保しにくい場合には、遊具・道具の数を絞る必要があります。また､子どもの遊び方を見て遊具の配置を変更することもあります。滑り台等の大きな遊具以外は、できるだけ移動が可能なように作っています。子どもが自ら楽しく遊ぶという姿を引き出すためには、子どもの様子に応じて、「柔軟に変更ができる場作り」という視点も外すことはできません。図2-28は、遊具の配置を変更した事例です。

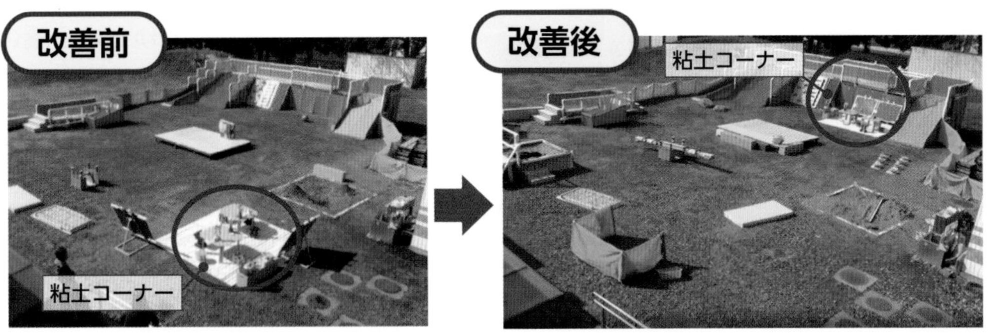

図2-28　遊具の配置　改善前と改善後

当初、粘土コーナーと砂場を隣同士に配置していました。すると、使う道具が混在し粘土に砂が付いてしまい、遊びにくそうにする様子が見られました。そのため、粘土コーナーを砂場から離した場所に移動し、状況の改善を図りました。

■安全面

安全面については、準備段階でも十分に留意していますが、中には授業中に気が付くものもあります。必要に応じて、授業中に応急処置を行い、放課後、教員間で情報を共有して改善を行います。以下では、安全面の改善を行った事例を紹介します。

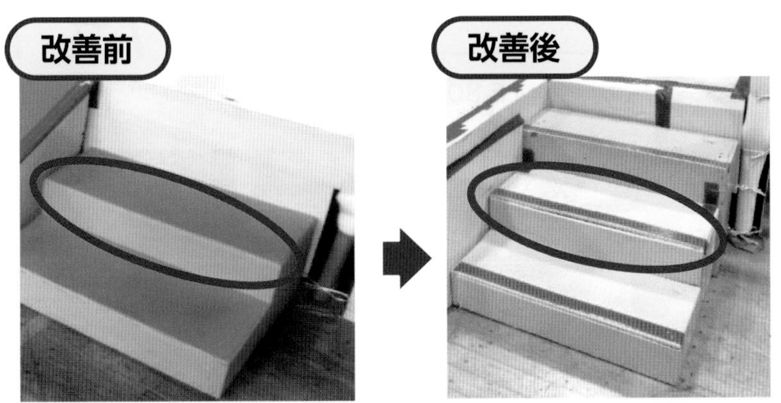

図2-29　階段の段差の目印　改善前（左）と改善後（右）

階段の段差の境目を意識しにくいため、登るときにつまずく様子が見られたため、赤いテープを貼り足元に注意が向くようにしました。

3）実際の単元の中での改善

ここでは、令和3(2021) 年度6月の単元「みんな集まれ！うきうきランド」での改善の様子を取り上げ、実際の授業の中で、どのような過程を経て、どのような改善が行われてきたのか紹介します。

①場を巡りやすく修正したことで、子どもの遊びが広がったケース

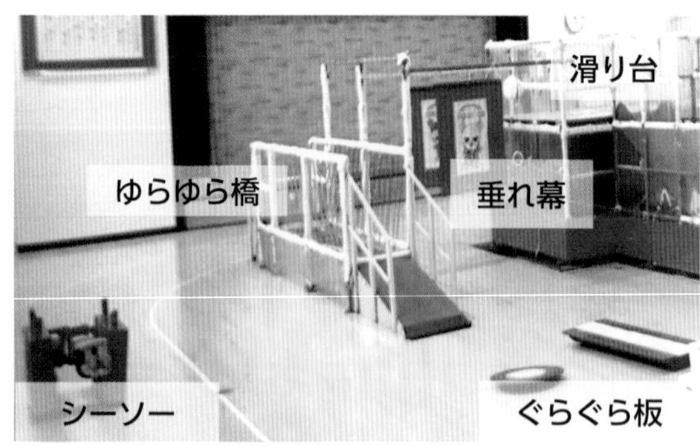

←垂れ幕は、滑り台とゆらゆら橋の間に掛かっている、赤地の布に、白地の紙が貼ってあるものです

単元開始当初の遊具の配置

単元開始当初、体育館の一角に上の写真のように遊具を設置したところ、何名かの子どもはシーソーで遊んだ後、どこに行くか戸惑っている様子でした。それを受け、教員間で図 2-30 のような話し合いが行われました。

シーソーで遊ぶ子は多いけど、ある程度遊び終わった後に、どこへ行こうか迷っているような時間が長いよね。

もっと遊具を行き来しやすくすると良いのかな？

「垂れ幕」が視界を遮って、行き来しにくくなっている？
あとはシーソーから移動したくなるような遊具があれば…

図 2-30　教員間の話し合い

単元開始 2 週目の遊具の配置

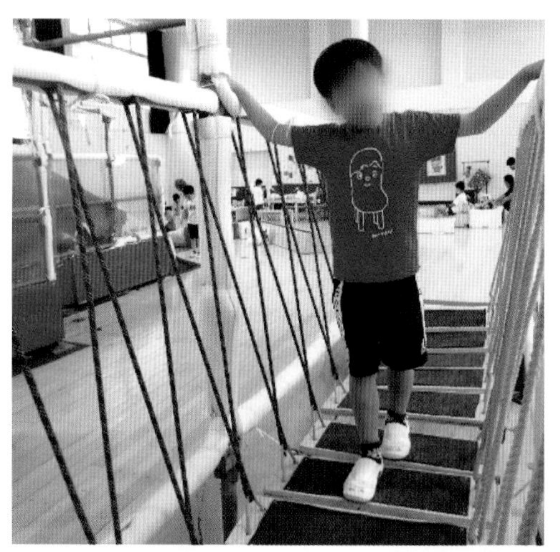

「道」「ゆらゆら橋」で遊ぶ様子

話し合いを受け、シーソーの周りに「ぐらぐら板」やトランポリン、「道」を置いたところ、この場に来て遊ぶ子どもの数が増え、遊具間を行き来する姿が見られるようになりました。単元開始時は、シーソー以外の遊具に関心が無かった子どもが教師の誘いを受け入れて、遊びが広がる様子も見られました。

②遊具を修正し、操作遊びからイメージ遊びへと遊びが発展したケース

箱積みコーナーは、慎重に箱を積み上げたり、箱を積んで「3、2、1」の掛け声に合わせて崩したりといった遊びができます。単元開始当初こそ、多くの子どもが集まりましたが、徐々に人が減った様子。それはそれで構わないのですが、教員の中には「箱積みコーナーはもっといろいろな遊びを引き出せるはず…」という思いもありました。

単元当初の箱積みコーナー

「積む」「崩す」も楽しいけど、箱積みコーナーはもっと色んな遊び方ができるんじゃないかな…

体育で的当てをやったときにキャラクターのイラストを貼ったら、やる気になっていた子がいたね。

図2-31　教員間の話し合い

話し合いを受け、箱に子どもたちの好きなキャラクターの絵を貼ってみました。すると、キャラクターの箱とフィギュアを組み合わせて、自分なりにアニメの一場面を再現したり、動物の箱を乗り物に乗せて移動したり、滑り台に持って行って一緒に滑ったりと、イメージをもって遊ぶ姿がたくさん見られました。

イメージをもって箱で遊ぶ姿

③設定遊びの内容を検討し、子どもの創意工夫を促したケース

感触遊びコーナー

ビニール袋に水を入れて冷たい感触を楽しむ「水クッション」やプチプチを潰す緩衝材等、感触遊びを行う遊具を置いた感触遊びコーナーを設置しました。これまでに感触遊びコーナーを設置したことはありましたが、この単元では多くの子どもがこのコーナーに集まりました。その様子をチャンスと考えた教員らは、どうやってこれを生かして、遊びを発展させていこうかと皆で考え、図2-32のような話し合いを行いました。

感触遊びコーナーを、設定遊びで取り上げてみようか？

取り上げると言っても、何をしよう…

色々な素材を並べて、「道作り」をやってみよう。

図2-32　教員間の話し合い

感触遊びコーナーに興味をもっている子どもの多さを受け、設定遊びで取り上げることにしました。このときに皆で行う遊びとして思い付いたのが、「道」を作る遊びでした。感触遊びコーナーの中には、ジョイントマットの上にスズランテープやプラスチックのイボイボ等の素材を付けた遊具がありました。当初、これは手で触って遊ぶ想定でしたが、裸足になって水クッションを踏んで遊ぶ子どもの姿を見た教員が、これを繋げて「道」にして裸足で踏んでみるということを思い付いたのです。

導入ビデオを観ると、早速、「道作り」に取りかかる2人の子どもの姿が（図2-33　写真上）。設定遊び（皆で集まって行う遊び）では、皆で一緒に「道」を作ってから歩く予定でしたが、急遽2人が作った「道」を皆で歩くことに（図2-33　写真中央）。2人にとっては、ビデオの内容を再現しようとして始まった遊びでしたが、自分たちが作ったもので皆と遊んだことが嬉しかったようで、翌日も「道」作りを続けていました。するとまた、その「道」で遊ぶ子どもがやってきて…というように遊びが盛り上がっていました（図2-33　写真下）。

なお、設定遊びの詳しい説明については（P54）をご参照ください。

ビデオを観て、体育館に来るとすぐ
「道」を並べ始めた2人

設定遊び中
「遊び博士」として遊びを紹介

図2-33　「道」作りをして遊ぶ様子

（3）単元ごとの改善

本校では単元が終わった後、次の3つの視点から反省を行い、次単元に向けた改善点について話し合いを行っています。

(1) 単元の反省　　　　：ねらい、時期、遊具の数等についての反省等
(2) 遊具ごとの反省　　：各遊具の作り方、引き出せる遊び等
(3) 個々の子どもの反省：単元での様子のまとめと、今後の支援の方針等

1）単元の反省

本校では全学部共通の書式（図2-34）を用い、各教科等を合わせた指導（遊びの指導、生活単元学習、作業学習）の単元ごとの反省を行っています。項目は「期間（時期）」、「ねらい」、「内容や設定、進め方など」、「今後に向けて」の4点です。各項目について「良かった点」は○、「課題・反省点」は●を、どちらにも該当しない意見については・を文頭に付けています。以下、各項目で記入する内容について説明します。

小学部　○月　「遊びの指導」の反省

担当：○○

単元名「　単元名　」	
期間（時期）について	令和　年　月　日（）～　月　日（）計　日間 ・ ・
ねらいについて	・ ・ ・
内容や設定、進め方などについて 授業の内容も準備、計画もここに書く	場の設定について 【設定遊び①ビデオ視聴について】 設定遊び②について 自由遊びについて その他
今後に向けて	

○：良かった点　●：課題、反省点

図2-34　単元反省用紙

①期間（時期）について

「単元期間が適切だったか」「単元期間に見合った遊具や量が適切だったか」を検討します。現在、本校の遊びの指導の単元期間は3～4週間に収まるようにしています。この経緯には単元の反省における次のような意見がありました。

・単元が短い（通常15日程度の期間に対し、10日程度の場合）と遊び場全体を知る機会や場がないままに終わってしまった。子どもが遊びを発展させたり工夫したりする前に単元が終了してしまった。
・単元が長すぎる（20日を超える場合）と、子ども達が飽きてしまう。

②ねらいについて

ここでは単元全体のねらいについて振り返りを行います。単元全体のねらいとは、単元ごとの特色を表すものであり、場づくりを行う際の方向性を示すものです。単元全体のねらいや単元に設定したテーマの意義や効果については、良し悪しの判断が難しいところです。より詳しく言語化していく必要があると思われます。なお、単元全体のねらいについては「P：計画（P34）」を、個々の子どものねらいについては「D：実施（P48）をご参照ください。

③内容や設定、進め方について

■場の設定

遊具の数やバランス、配置など場全体に関わることについて、振り返ります。「(2)遊具ごとの反省」と重複することもありますが、個々の遊具の道具の置き方等についても、ここで意見を挙げ、次の単元で修正を行います。以下、意見を受けて修正を行った事例をいくつか紹介します。

(i) 砂場の道具を、見えやすく、手に取りやすくしたい

令和元(2019)年度10月

令和2(2020)年度10月

道具を籠に入れ地べたに置いた状態を改善し、道具を壁に掛け、ラベルを付けるようにした。

令和元(2019)年度10月

令和2(2020)年度10月

棚の中に入っており、取り出しづらい状態を改善し、台の上にかごを固定し、その中に道具を置いた。

(ii) 床に座ることが苦手な子どもに配慮しテーブルと椅子がほしい

令和2(2020)年度2月

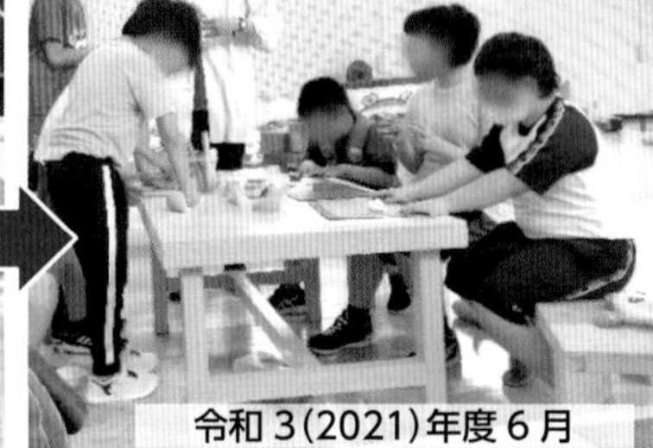
令和3(2021)年度6月

床に座って活動するテーブルに加え、椅子に座って活動するテーブルを用意した。

(iii) 静的な遊びをする場と動的な遊びをする場を区別する※

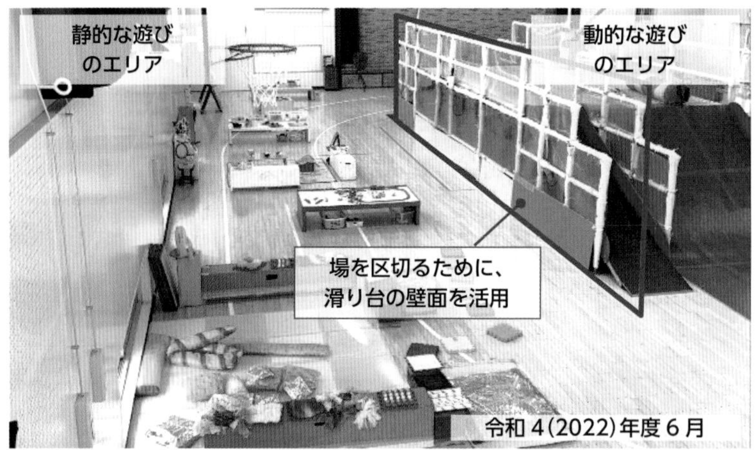

令和4(2022)年度6月

「キッチン」などのイメージ遊びや粘土・工作などの操作遊びができるスペースを、滑り台の壁面を境として利用し、場を区切った。

※　静的な遊びと動的な遊びの仕切りを明確にし、「じっくり遊び込むこと」は増えるようにしたが、仕切りを明確にし過ぎると「場や道具を行き来させて遊ぶこと」は起こりにくくなる。そのときの集団の実態に応じて、丁度よいバランスを検討すると良い。

■設定遊び

設定遊びとは子ども主導の自由遊びの合間に教師主導で行う遊びです。設定遊びはこれまでに、次のような反省を受け、改善を行ってきました。

反省	改善点
設定遊びに子ども達が集まらない	・設定遊びへの参加は子どもの意思に任せるが、教員は雰囲気を盛り上げ、積極的に子どもを誘う
設定遊びで、教員役を行いたい子どもがいる	・MT の教員が着ている「遊び博士」の衣装（白衣、帽子）を複数用意し、子どもも一緒に行えるようにする

■自由遊び

自由遊び中の安全面に関わること、個別対応が必要な子どもへの支援等、教師の動きについて、共通理解が必要なことについて、意見が挙がります。

■その他

水筒の置き場所やトイレに行くときの体制、授業後の場の片付けについて、BGM について等の意見が挙がります。また、近年は、コロナウイルス感染症の予防策についての意見が増えました。

■次回に向けての話し合い

上記で述べてきたことを踏まえ、今回の単元での良かった部分をどのように引き継ぐか、反省点をどう改善していくかということを話し合います。本校では、その時の単元での経験が次の遊び場でも生かせるよう、単元ごとに出す遊具は、毎回、ガラッと大きく変えないようにしています。そうすることで、子ども達にとって見通しをもちやすい、意欲的に取り組める、安心感を得やすいというメリットがあります。その上で、反省点を生かして場や遊具の改善を行ったり、いくつかの新奇な遊具を出したりすることで、主体的に遊びに向かう姿を引き出すことができています。

2）遊具ごとの反省

本校では作成した遊具について「遊具反省」という記録を残しており、令和5(2023)年度時点で60強の遊具が記録されています。「遊具反省」は遊具ごとにPowerPointファイルを作成し、以前作ったことのある遊具を作った際はスライドを付け足していき、経時的な変化を見られるようにしています（図2-36）。

遊具の反省には、写真と併せて以下の5項目を記載しています。「①サイズ」「②作り方」遊具の作成方法を記載し、遊具作成のノウハウとして役立てています。「③配置」は他の遊具との位置関係とそれによる影響を記載しています。「④工夫した点」は単に「〇〇をした」という表記ではなく「なぜ良かったのか」という理由も記して、今後の工夫・改善につなげています。「⑤引き出しやすい遊び」は、実際に子どもがどのように遊んでいたかを記します。

「わくわくコーナー　感覚（操作）

水クッション、緩衝材クッション、風船クッション、ぐらぐら板、ジョイントマットの道）　R3、6

出した素材
・水クッション　・緩衝材クッション　・ぐらぐら板
　※別資料として遊具反省有り
・風船クッション　＊布団圧縮袋に風船を入れ、空気を抜き、養生テープで留める。
・ジョイントマットの道　…　①卵パック　②スズランテープ
　③足洗いマット　④ラップの芯　⑤体用スポンジ　⑥ペットボトルの蓋
　＊いずれも、穴を開けて、マットと結び付けた。

ポイント（※「場の配置との関連」も含む）
・他の場との違いが分かりやすいように、壁面に寄せ、箱椅子で囲った。
・裸足になっても過ごせるように、大きいジョイントマットを囲いの中に敷いた。
・窓を開けたり、扇風機を設置したり、保冷剤を置いたりして、暑さ対策をした。
　⇒◎暑さが苦手な子どもにとって、涼しく過ごしやすい空間として認識されているように見られた。（出入口と近かったが、特に危ない場面は見られなかった。）
　◎安心できる場として、コーナーを拠点に、行き来している姿が見られた。
　△「道づくり」は、もっと遊びの場の中で行えると良かった。

引き出しやすい遊び
◎好きな感触を見つけて、自ら触れたり、集めたりして過ごす。
　⇒感触の異なる複数の素材があったことで、好きなものを見つけることができ、教師側からも誘いやすくなった。
◎ジョイントマットを繋げて、「道」を作る。
　⇒マットの形状が、「繋げる」ことに結びつきやすかった。

今後に向けて
・6月という季節柄、「裸足で遊ぶ」「水／冷たい感触を楽しむ」ことへの発展が見られたと思う。10月の遊び場での出し方、また、同じ室内でも、2月の出し方には工夫が必要となるだろう。
　→2月「もふもふ」温かい素材で検討してみても良い。
☆「裸足で遊ぶ」ことを更に広い場所で遊べるように、（以前、附属小から借りた、土足可能の）シートを敷いてみても良い？今後、検討。

「ぐらぐら板」　R3.6　R4.6　運動・感覚

【遊具のサイズ】
<道>
・幅 600 ㎜、長さ 1800 ㎜、高さ 100 ㎜
・物の特性（コツ？）が分かりやすいように、白でラインを引いておきました。
※底面のコンパネの曲線で揺れ幅を調整
　高さを出すと、より不安定になる
※難易度を下げるならカーブを緩くしたり、直線の部分を作ったりして安定しやすく。
※歪みが強かったので、縦に垂木を入れて補強しました。
※体育館の床を傷つけないように、接地面に絨毯をボンドで貼り付けています。

<円盤>
・直径800㎜程度、高さ100㎜程度
・底面には市販の「バランスボード」を使用
　垂木の欠片を当ててビス止めしています。
※体育館の床を傷つけないように、接地面に絨毯をボンドで貼り付けています。

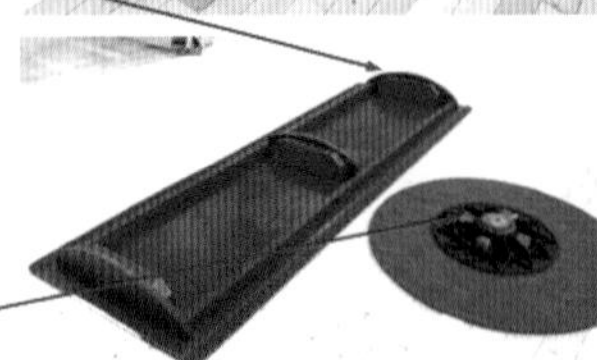

【引き出しやすい遊び】
・バランスをとって姿勢保持
・傾きを感じる
・踏んで板を動かして楽しむ（音や感覚）
・シーソーのように二人で揺れを楽しむ
・座ったり寝転がったりして揺れを楽しむ
・道の一つとして渡る
・円盤に乗って回る、回してもらう

【場の配置との関連】
・たいこ橋の近くにあったことで、くっつけて一つの道として楽しんでいる子が多かった。
・移動しやすい遊具だったので、遊具間をつなぐものとしての役割もありそう。
・感触遊びコーナーでの道遊びの仲間として登場した。相性が良いかも。
※たまたま？シーソー、ゆらゆら橋、たいこ橋など、揺れを楽しむ遊具としてのまとまりのある配置になっていた。

【今後に向けて】
・いくつかの難易度で、バリエーションがあっても良いかも。
・難易度はちょうどよかったが、一部の子に向けて、もっと難しいバージョンがあっても良いのかも。
・長い、広いという特徴をもたせると、子どもの遊び方も変わってきそう…

保管場所は…外倉庫

図 2-35　遊具反省の例　感触遊びコーナー（上）・ぐらぐら板（下）

「遊具反省」は次の単元を計画する際にどの遊具を配置するか考える際の資料、遊具作成時に＋α手を加え工夫する際の資料、新転任の教員への引継ぎ資料、といった役割を担っています。

3）個々の子どもの反省

一人一人の子どもの遊びの様子と、それを踏まえた教師の読み取り・対応については、「C：記録・評価（P62）」に記載してあります。

【文献】

赤木和重（2019）遊びと遊び心の剝奪 - 障害と貧困の重なるところで．小西祐馬・川田学（編著），松本伊智朗（編），遊び・育ち・経験 子どもの世界を守る．シリーズ子どもの貧困２．明石書店．

千葉大学教育学部附属養護学校（1978）研究紀要.4.

千葉大学教育学部附属養護学校（1979）研究紀要.5.

千葉大学教育学部附属養護学校（1980）研究紀要.6.

千葉大学教育学部附属養護学校（1982）研究紀要.8.

千葉大学教育学部附属養護学校（1987）研究紀要.13.

千葉大学教育学部附属養護学校（1992）研究紀要.18

千葉大学教育学部附属特別支援学校（2016）研究紀要.42.

千葉大学教育学部附属養護学校（1994）実践メモ.20.

千葉大学教育学部附属養護学校（2002）実践メモ.27.

伊藤良子（2003）障害児における遊びの発達と指導（第１回）障害児にとっての遊びの意味．みんなのねがい,473,44-47.

海津亜希子（2007）個別の指導計画作成ハンドブック－LD等,学習のつまずきへのハイクオリティーな支援－．日本文化科学社．

鹿島良子（1985）子供が力を発揮できる学級集団づくり．発達の遅れと教育，332,27-31.

木村吉彦（2016）「これからの生活科授業で求められる学びのあり方～様々な資質・能力の育成とスタートカリキュラムの実現～」,広島大学附属小学校学校教育研究会「学校教育」,11号．

小出進（監修）生活中心教育研究会（編）（1998）生活中心教育の展開．大揚社．

松原雅俊（1999）中学校美術科における個別的教科教育課程の実践的研究 - スキーマ概念に基づく「基礎・基本」課程の試み - ，美術教育学：美術科教育学会誌，20,371-381.

松矢勝宏（2002）第５章 学級・学校の拡充と教育実践・この時期の特徴と主な出来事．全日本特別支援教育研究連盟（編），教育実践でつづる知的障害教育方法史，川島書店．

村田光美（1985）一人一人が生かされる集団づくり．発達の遅れと教育,332, 22-26.

小川博久（2010）遊び保育論．萌文書林．

太田俊己（2002）第10章 生活単元学習の拡大と充実．全日本特別支援教育研究連盟（編），教育実践でつづる知的障害教育方法史，川島書店．

佐藤学（1996）教育方法学．岩波書店．

菅原宏樹・真鍋健（2022）特別支援学校の教員が遊びの指導の授業に「慣れる」プロセス－初めて遊びの指導を行う教員の経験から-，対人援助学研究．12. 43-57.

玉上勝子（1985）子どもの実態に応じた学級経営．発達の遅れと教育，332, 17-21.

吉田直哉（2014）保育原理の新基準．三恵社．

コラム column 2 遊びの中の学び
ー主体性と社会・情動的発達からー

子どもは、子どもの主体的活動である遊びを通して育ち、学んでいきます。子どもは、寝る、食べる、着替える、排泄するといった身の回りのことをする時間を除けばすべて遊びです。遊びの中で数概念を操作し、文字を書き、文章を読み味わうことに必要な力を、結果として身につけていきます。遊びが学びです。

遊びは自らやりたいと意欲をもって取り組み、また楽しいという感情（情動）を伴います。友達と一緒に遊べば楽しいという感情を分かち合います。やってみたい、やりたいと自分から主体的に取り組む活動であるから、できなくても何度も挑戦し、あきらめずに熱心に取り組みます。

友達と一緒に遊ぶとひとりではできない遊びができるし、遊びが盛り上がり発展していくからさらに没頭します。友達と楽しく遊ぼうと思うからこそ、自分ががまんしたり、気持ちを調整する経験ができます。当然友達とのいざこざや、ゲームに負けて悔しい気持ちを味わいます。取り合ったり、主張したりしながらネガティブな感情も味わいます。しかしまた遊びたい、一緒にやりたいと思うから、気持ちを立ち直らせる経験（情動調整）をします。すべて、自分からやりたいと思って取り組み、楽しい気持ちが湧き、友達と一緒に分かち合うことから、社会・情動の発達を促す経験が成り立ち、そこに子どもにとっての学びがあるのです。

ところで社会・情動的側面は、非認知能力とも呼ばれ、子どもの発達の重要な一側面として改めて意識されてきています。他者と協力、協働すること、自律心、自制心、自尊心、自己有用感、共感、粘り強さ、失敗しても諦めずに挑戦する力、回復力（レジリエンス）などです。こうした力は、人生を生きるために重要だとされますが、直接教えることは困難です。自ら活動にコミットし、多様な感情を味わい、友達とやりとりする中から学んでいきます。遊びの中には、社会・情動的な発達を促す側面が多く含まれていて、教師はそうした場面を捉えて支援していくことができるのです。

学校でなぜ遊びと思うかもしれません。知的障害の児童生徒は発達に遅れを呈するため、幼児期に十分に遊ぶ経験をしてこなかったということもあります。しかし、自らが主体的にかかわる活動からしか学べないことは多いです。社会・情動的側面もそうであろうし、特に主体的に物事にかかわろうとする態度は、自らが意欲的に物事にかかわる経験からしか学ぶことはできないのです。そうして身につけた態度は、将来の働く力、豊かに生活する力など、生きる力の基礎ともなるのです。

（細川　かおり）

第3章

「遊びの指導」の実践を導くための「組織づくり」とは

第1節
なぜ「組織」に注目する必要があるのか

1.「研究校だからうまくできるんでしょ」はウソ？ホント？

「うちには大きな遊び場を設置する場所もなければ、作る予算もノウハウもありません。貴校は研究校だし、恵まれていていいですね」。

本校の公開研究会などで、こうした指摘を受けます。確かに本校の実践は、先達から遊び場づくりの伝統が受け継がれている点で恵まれており、外から見ても安定しているよう見えます。しかし、本校の教師は県教委との人事交流により常に教員異動が発生し、毎年、数名の教師が「遊びの指導は初めて…」という状況になります。子どもたちの実態や学校教育をめぐる社会背景も刻一刻と変わり、「在校生の発達段階や特性を考えると、違うタイプの遊び場・遊具も必要じゃないかな」「みんなで一つのことをやり遂げる機会も欲しいし､教師主導の設定遊びはだめかな」などと、常に『昔のやり方とこれからのやり方』に悩みながら、実践が行われています（歴史的な変遷については、第２章第１節を参照してください）。最近では、新学習指導要領に伴う「教科」の再考、働き方改革、予算縮小等の影響も大きく、「遊具の種類、大きさ、場の配置」などは伝統的に受け継がれている部分と、少しずつ変化を加えたい部分との間で、葛藤が生じています。

この際、一人の教師が遊び場を整え、実践を行うのであれば、自分のやりたいようにできるので、まだいいかもしれません（一人で悩まなければならない辛さはさておき）。しかし、特別支援教育の実践の多くは、クラス単位、学年単位、学部単位で行われます。遊びに対する『原風景』や『価値観』は教師ごとに異なっているかもしれないのに、授業ではある程度イメージを合わせ、遊び場を構想し、実践を進めなければいけません（下図）。

遊び場づくりには場所や予算、遊具・場づくりのノウハウが必要です。しかし、それで十分というわけでもありません。組織として、教師集団を盛り上げていく方法にも目を向ける必要があります。

2．教師同士の共通認識

遊び場･遊具の企画から場づくりまでの流れを図3-1にまとめました。平成27(2015)年当時のもので、今とは少し違っているかもしれません。場づくりには大きく7ステップがあり、「遊び場構想」「作成の割り振り」は単元チーフ（責任者）を含めた企画担当2～3名が担い、残り5つは小学部の全教師が担当する活動です。図3-1の左側に細かな活動が示されていますが､ここで注目してもらいたいのは右側です。「先生方はどのような気持ちで遊び場を作っているのですか」。この質問に対する答えが載っています。

これを見て、「えっ、それでいいの」と不安に思う方もいるかもしれません。一般的に、教育活動を行う際、環境構成や提示する教材、具体的な声かけの内容がはっきりしていることが「良し」とされます。しかし、実践（特に自由遊び）の中で様々なものが決められすぎていると、「ここでは、こう遊ぶんだよ」というメッセージが子どもに伝わり、子どもの自由な発想に基づく遊びを保障しにくくなることがありました。あるいは、初めから全ての遊具を完璧に整えて場に出すと、遊びが発展する余地がなくなり、飽きも早くマンネリ化することもありました。声かけや場の修正は一応の設定はあるとしても、こだわりすぎず、いざ「蓋を開けてから」、子どもの姿、興味・関心に合わせて考えたほうが良いこともありました。

こうした経験から「作りこみの妥協」「予想外や失敗が起きても大丈夫」「想定外の遊びが出ることのおもしろさ」といった、通常の実践では「良し」とされないことが、教師間で重要視されていました。

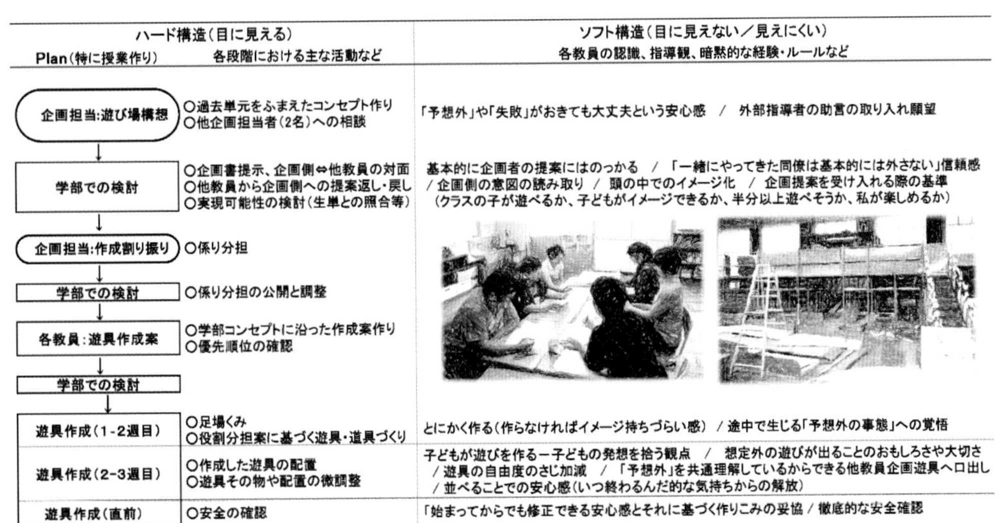

図3-1　遊び場の構想から場づくりまでのプロセス（平成27(2015)年ごろ）

もちろん活動が進んだ先で「こうなるかな」「ああなるかな」と先の展開を読む力は欠かせません。しかし、「遊び」の魅力を、教育活動で生かすためには、「どうなるかはわからない」を“皆で”ポジティブにとらえることも必要だったのです。

3. 複数の教師で実践のPDCAサイクルを回す：組織構造論をヒントに

上記では「遊具・場づくり」の段階を例に述べましたが、実際の指導や単元評価、改善など、PDCA サイクル上の他の箇所でも、“遊びの指導ならでは”の価値観がありそうです。例えば、子どもが遊び場や遊具に向かう姿を解釈する際、その判断材料としては目の前の子どもの「表情」や物理的に見える「関わりの多い / 少ない遊具や友達、教師」の他に、「他の授業場面での姿」「昨日 / 先週の遊びの様子」「家庭や地域での遊びの経験」「その日の調子」など、たくさんのものがあります。何か一つの答えがあることを前提に、遊びの様子を見てしまうと解釈の幅も狭くなり、子どもの興味関心と大人の指導とを重ね合わせていく重要なプロセスも雑になってしまいます。「ああでもない、こうでもない」と頭の中で浮き沈みする細かい仮説と実践での検証を繰り返しながら進めていくためにも、ゆったりと意見を交わし合える同僚の存在が欠かせません。

教員養成カリキュラム上、「遊び」について学ぶ機会は必ずしも多くはありません。実践を始める当初は、場や遊具の作り方、予算、場所などが気になってしまいます。しかし、「遊び」をめぐっては、それ以上に、目には見えない / 見えにくい意識的な部分へのアプローチが必須です。

このことについて、先ほどの図 3-1 の中に「ハード構造」「ソフト構造」という文字が見えました。これは組織構造論を唱える、古川（1990）によるもので、詳しくは図 3-2 のような説明からなります。古川は一定の集団規模からなる「組織」が活動を進める際、明らかに目に見えて明文化することのできる「ハード構造」と、通常は目にすることが難しい組織内の暗黙的な了解やルール、人間関係からなる「ソフト構造」が相互に影響を与えていることを指摘しています。またこの 2 つをもとに、組織は、組織として一定の状態を保ったり、成長 / 衰退の変化を伴うとも説明しています。特別支援学校の「遊びの指導」は、初めて行う教師もいたり、かつ複数の教師が協力しながら進めたりしていきますので、この論が十分に参考になるでしょう。組織構造論を特別支援学校の授業づくりに、援用した先例については、肥後（2013）も参照ください。

繰り返しになりますが、幼稚園教諭などと異なり、特別支援学校の教師は元々「遊び」のプロではありません。この点で、たとえ過去の学校の実績から、場づくり・授業づくりのマニュアル・ノウハウ（ハード構造）が受け継がれていたとしても、

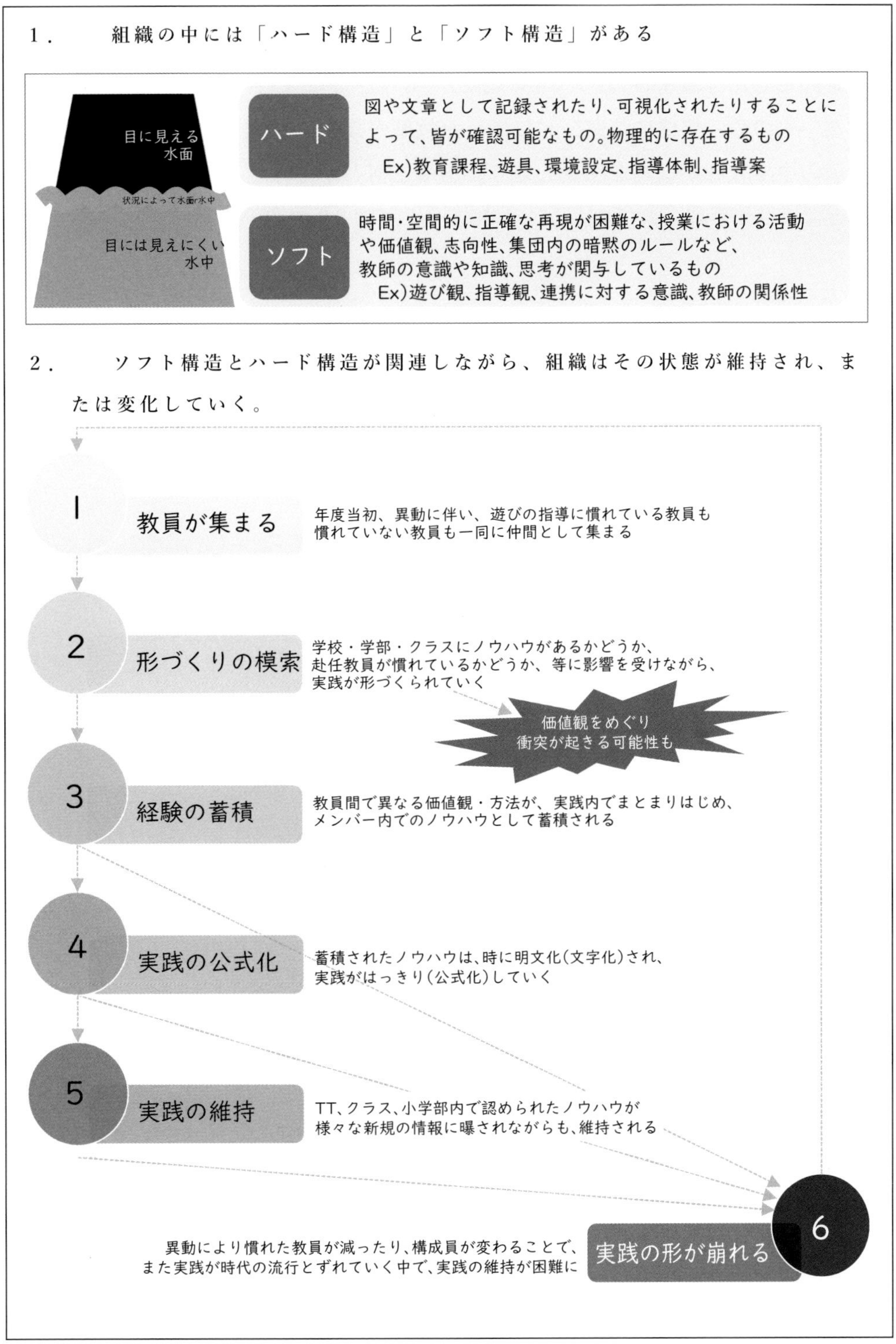

1．　組織の中には「ハード構造」と「ソフト構造」がある
目に見える
水面
目には見えにくい
水中
ハード
図や文章として記録されたり、可視化されたりすることによって、皆が確認可能なもの。物理的に存在するもの
Ex)教育課程、遊具、環境設定、指導体制、指導案
ソフト
時間・空間的に正確な再現が困難な、授業における活動や価値観、志向性、集団内の暗黙のルールなど、教師の意識や知識、思考が関与しているもの
Ex)遊び観、指導観、連携に対する意識、教師の関係性
2．　ソフト構造とハード構造が関連しながら、組織はその状態が維持され、または変化していく。
1
教員が集まる
年度当初、異動に伴い、遊びの指導に慣れている教員も慣れていない教員も一同に仲間として集まる
2
形づくりの模索
学校・学部・クラスにノウハウがあるかどうか、赴任教員が慣れているかどうか、等に影響を受けながら、実践が形づくられていく
価値観をめぐり
衝突が起きる可能性も
3
経験の蓄積
教員間で異なる価値観・方法が、実践内でまとまりはじめ、メンバー内でのノウハウとして蓄積される
4
実践の公式化
蓄積されたノウハウは、時に明文化(文字化)され、実践がはっきり(公式化)していく
5
実践の維持
TT、クラス、小学部内で認められたノウハウが様々な新規の情報に曝されながらも、維持される
6
実践の形が崩れる
異動により慣れた教員が減ったり、構成員が変わることで、また実践が時代の流行とずれていく中で、実践の維持が困難に

図 3-2　組織構造論についての説明。古川（1990）を参考に作成

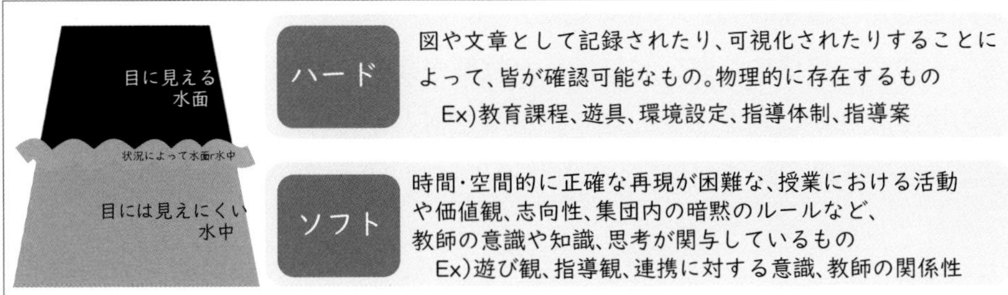

遊びの指導を行う教員集団の「ソフト構造」、つまり遊びに対する価値観やそれをめぐる教員間の関係性は常に危機にさらされています（表3-1）。魅力的な遊具や遊び場が学校の中に存在しても、教師は行っている実践の意義を十分に感じないまま、ただ遊ばせているだけ、あるいは遊びを「手段」とした指導にのみ目が向いているかもしれません（図3-3の左上：ハード○でもソフトは×）。一方、体制的には整っていないものの、偶然に「遊び」に慣れた教師が集まり授業を行う場合は、限られた環境の中で教師が遊具を工夫したり、場所を何とか確保するなどして、自助努力のもとで実践が展開されているかもしれません（図3-3の右下：ハード×でもソフトは○）。

表3-1　遊びの指導をめぐる様々な価値観の例

・遊びは発達を促すための手段である
・障害のある子どもはしっかり環境構成をしないと遊べない
・大人主導の設定遊びは、真の意味での（子どもの）遊びではない
・子どもの遊びに大人は関わるべきではない
・子どもに遊び方を教えてはいけない
・教師は担当を決めて、マンツーマンで子どもの遊びにつくべきだ
・静かな遊びと動く遊びを混ぜてはいけない

・・・etc

ハード
場づくり・授業づくりのノウハウや体制が充実している
『実践の意義を感じずただやっているだけ？』
ノウハウや体制はあるが、「遊び」をめぐる価値観等が共通理解できていない
『充実した実践の展開』
ノウハウも体制もあり、教員間の意思疎通もとれている盤石な状況
「遊び」をめぐる価値観が教員間で共有されていない
ソフト
ソフト
「遊び」をめぐる価値観が教員間で共有されている
『授業として成り立っていない』
ノウハウ等もなく、実践を支える価値観も共有されていない
『教員の自助努力で成り立っている状況？』
ノウハウ等は十分でないが、遊びをめぐる価値観等は教員同士、共有できている
場づくり・授業づくりのノウハウや体制が充実していない
ハード

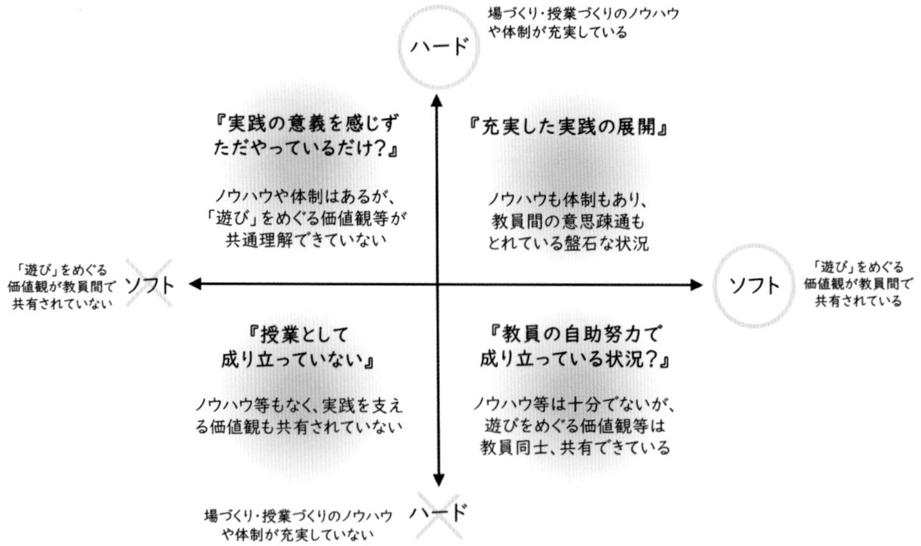

図3-3　組織のハード・ソフト構造の視点から理解する授業づくりの状態

異動のリスクを常にはらんでいる本校では、「赴任教諭が遊びにどれほど慣れているか」ということや、「異動に伴う入れ替えの人数」によっては、年度当初、図3-3の4象限のうち「上部やや右側」をうろうろしているかもしれません。しかし、新

参教員は１年かけて古参教員の見様見真似をしながら、徐々に慣れていき、おおよそ年度後半には「遊び場」で自分がどのようにふるまうかに慣れていきます。古参教員の人数がそれなりにいるから成り立つわけです。

一方、遊びの指導をクラス単位で行っていたり、低学年のみで実施している場合、また異動や校内での学部異動などでメンバーの入れ替わりが激しい勤務環境では、例えば「遊びの指導に慣れた教員が１名しか残らず、残りは皆、遊びの指導は初めて」という状況もありえるでしょう。

年度当初、遊びの指導を行おうとしている自分たちの組織が、図3-3上の一体どこから実践をスタートさせようとしているのか。このことを確認した上で、教師集団を“盛り上げる”ための工夫が必要になります。

第2節 複数の教師で実践のPDCAサイクルを回すための工夫：取り組みの紹介

では、教師集団による遊びの指導をうまく成立させていくために、どのような工夫や戦略が必要でしょうか。ただ、ここでは本校で行われている取り組みを紹介することで、そのヒントとしたいと思います。以下では「遊びの記録表の活用」「設定遊びの検討会議」「安心度・夢中度のカンファレンス」の３つを取り上げます。

1．日頃の情報共有・意思疎通を円滑に：「遊びの記録表」の活用

（1）なぜ、いつから始めた？

遊びの記録表は本校が作成した「子どもの遊びの様子を記録する」ためのツールです。口頭で子どもの姿を語り合うだけでは、どこか心もとなく、授業を行うことに対する説明責任を果たすべく、平成26(2014)年から導入したものになります(以下図3-4)。その後、書式の改変を加えながら、今の形が出来上がっています。

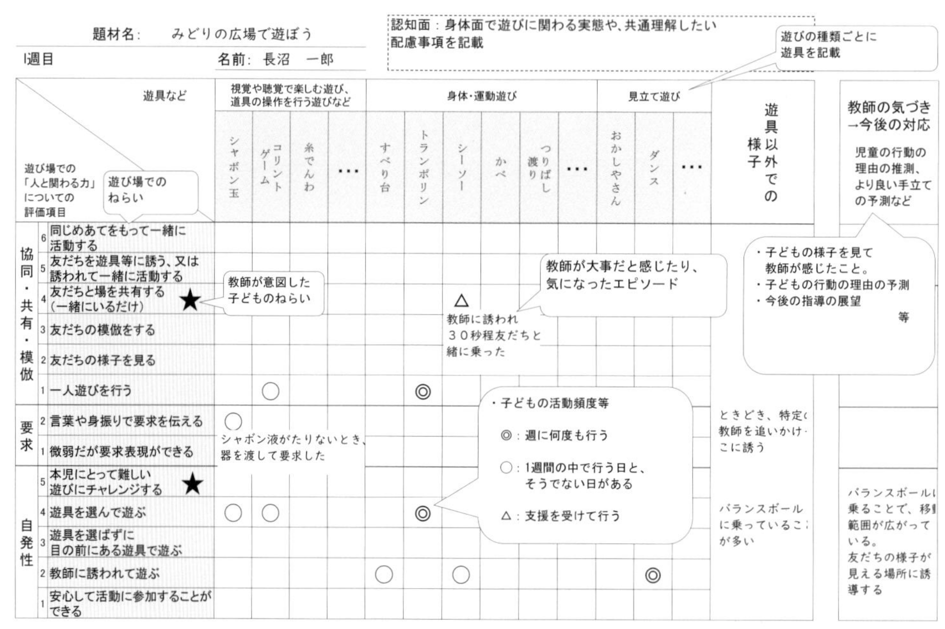

図3-4　導入初期の遊びの記録表（平成26(2014)年）（再掲）

（2）遊びの記録表とは何か、どうやって使用する？

遊びの指導の授業を行う上でポイントを一つ挙げるとすれば、それは「大人の教育的意図と子ども自身の遊びをどのように両立させるか」ということにつきます。「こ

こではこう遊ぶんだよ」という思いが強すぎると、子どもは逃げてしまいます。一方、授業として展開している以上、「こうなってほしい」という「ねがい」が全くないのも問題です。バランスを取るために、教師はまず、その子どもが環境（遊具や場そのもの）にどう関わろうとしているのか、子どもの気持ちを探り、寄り添いながら、その上に教育的な意図を重ねていきます。だからこそ「時に大人も一緒になって遊びながら、ともに経験し、そこで生まれる学びを傍らで見取る」という価値観・スタンスが不可欠だと考えています。

しかし、個別の指導計画を作成して授業することに慣れた私たちにとって、上記のスタンスで授業を行うことは簡単なことではありません。私たちは教師なので、つい教えたくなってしまうものです。「子どもの遊び」と「教師の意図」。この2つの距離感をうまく調整することに一役買っているのが、遊びの記録表です。遊びの記録表の役割は主に以下の3つです。

■エピソード記録を通して、子どもの遊びの様子をありのままに記録する
■記録を重ねながら、とある単元の中での子どもの経験や学びを、見取る視点を探る／狭める／創る
■記録表の回覧やカンファレンスを通して、『子どもの経験や学びそのもの』を、あるいは『担当教師が見取った視点』を共有したり、議論する

（3）実際に使用してみて

遊びの記録表の活用方法は、第2章第3節（記録・評価）で詳しく説明していますので、そちらを参照ください。平成26（2014）年以降、遊びの記録表を継続的に使ってきた経験から、2つのポイントを説明します。

1）ありのままの姿を振り返りながら、“私”の遊び観も知る

導入当初、遊びの記録表では、子どもの実態把握、客観的な事実確認を重視していました。しかし、横軸に「どこで、どの遊具で」という観点が含まれていたこともあり、教師の主観も入りうるエピソード記録を交えるようになります。子どもたちが自分で考え、決めていくことを支えるために、複数の遊具からなる広い遊び場を出しているため、「今日はあの子のあの場面の姿を残さなきゃ！」と気になるエピソードも膨大になります。かたや、特に単元の後半には、記録を書きながら、事前に設定していたねらいに近づいているのかなども気になってきます。

こうした悩みを抱えてしまうのであれば、「主観も含まれるエピソード記録なんて意味あるの？」と思うかもしれません。しかし、むしろ逆で、言葉が少なく、気持ちと行動とのつながりも読みにくい子どもたちだからこそ、エピソード記録を通して、「私」が考えていること／注目していることを、言語化して表に出し、「私のイメー

ジ（悪く言えば「思い込み」）」を定期的に更新していく作業が不可欠です。このプロセスを丁寧に行う中で、「設定した目標を達成するか／したかどうか」と「子どものありのままの遊びの姿」との距離感が調整されていきます。特に遊びの指導に慣れていない教師にとっては、「自分自身がどのような遊び観を持っているのか」や「子どもと遊びをどのようにつなげようとしているのか」を目に見える形で残すという役割も担っています。

２）記録表を介して情報を出し合い、皆で「仮説―検証」を繰り返す

しかし、遊びの指導に慣れていない場合「どこを切り取って、どんなふうにエピソードを書けば良いの？」「このエピソードから、子どもの学びをどう読み取るの？」といった悩みも次々に生じます。そこで、この遊びの記録表をどう学部のシステムとして活用するかが問われます。本校では第２章で述べたように、週に１度カンファレンスを行うとともに、その前後で記録表そのものを回覧したり、他の教師の記録表に付箋を付けて、補足情報を追加するなど行っています。この機会を通して、シンプルに個々の教師がもつ情報を共有するだけではなく、新しく赴任する教師にとっては他教師のエピソードの書き方や含まれる学びの見つけ方を学ぶ機会となります。もっと直接的に自分の担当する子どものエピソードを教えられたり、自分が書いたエピソードに「こんな姿もあったよ！」「昨日カンファレンスで先生が言っていた○○、今日私も見たよ！」とか、「これはこんな学びにつながるのでは？」とアドバイスされたりすることもあります。もちろん、新任者が一方的に教えられるばかりではなく、ある意味凝り固まった視点に新任者が新しい風を吹かせることもよくあります。

（４）遊びの記録表が教師に与えた影響

本校では、年に３回、比較的規模の大きく複数の遊具からなるランド型の遊びの指導を、小学部全体で行うという特徴を持って行っています。しかし規模が大きすぎるため、子どもに関する情報の収集と集約は必要に難しく、「すべてを記録し、すべてを理解し、しっかりと対応する」という理想に向かえば向かうほど、疲弊してしまい、実践が子どもの姿からかけ離れていくリスクもありました。そんな中で導入された遊びの記録表は、ほどよい塩梅で、子どもの遊びを扱い、また子どもと教師、教師同士をつなげる役割を担ってくれました。

遊びの指導には多様な形があることから、本校のフォーマットの他にも、多様な記録物が全国各地で用いられているかもしれません。子どもの姿を反映させる記録物という側面に加えて、「教師間の連携・情報共有を促す」という側面から、記録物を考えていくことも重要です。

2.「子どもと遊び」のつながりを皆で考える：設定遊びの検討会議

（1）なぜ、いつから始めた？

本校の遊びの指導では、子どもが授業を主導する「自由遊び」と、教師が授業を主導して皆で同じ遊びを行う「設定遊び」の２つの指導形態を採用しています。詳しくは第２章第３節で説明していますが、メインは自由遊びの方で、設定遊びは自由遊びの合間にスポット的に５分程、皆で集まり教師主動で行う遊びです。授業の始めには設定遊びで何を行うか、導入ビデオを見ます。

図 3-5　自由遊びの前後での設定遊び（再掲）

設定遊び（スポット）は平成 25（2013）年から行われていました。初めは「せっかく小学部みんなで遊び場に出ているんだから、5 分 10 分くらいは、一緒に同じことを共有する時間があってもいいのでは」という軽い気持ちで始めたものでした。その後、授業前に「昨日こんな遊びをしていたね」と穏やかに振り返り、「今日の遊びへの期待」を膨らませる機会を持ったり、「こんな遊び方もできるんだよ」と遊び方のモデル提示を行うことも始まりました。

しかし、設定遊びに込める期待が大きくなるにつれて、設定遊びを任せられた教師は「どの遊びの姿を振り返ろう」「子どもへの押し付けにならないような、紹介の仕方って…」「うちの子どもたちが受け入れやすい遊び方って何だろう…」と一人で、悩むようになりました。自由遊びに比べて、教師が主導する設定遊びでは、事前の決定事項が重要であるため、ともすると一人の教員の中で、抱え込んでしまいそうになりました。そこで、「悩むくらいなら、皆で考えようよ」と令和２（2020）年に始まったのが、「設定遊びの検討会議」でした。

（2）どうやって行う？

1）設定遊び（スポット）

職員室でなく実際の遊び場に集まって議論

人形の「まみちゃん」と教師が扮する「遊び博士」（再掲）

設定遊び検討会議では、先に設定遊び（スポット）の内容を考えます。職員室ではなく、実際の授業の場で、遊具を広げて教師が遊具に触れながら行います。会議という名こそあれ、実際は「ああでもないこうでもない」と、話しながら行いたいからです（遊び方のアイデアは、楽しい雰囲気の中で生まれやすい！）。あらかじめ「工作コーナーで」「すべり台で」など、どの遊具で行うかは大まかに決めておきますが、そこでどのような具体的な活動を展開するかは、この話し合いを経て決められます。個々の教師が、ふと思いついたアイデアを持ち寄ることもあります。

いざ遊ぶ内容が決まったら、子どもたちが座る場所や、遊びを紹介する「遊び博士」の立ち位置、道具の置き場所など細かいことを決めます。これらは一般的に普段の授業で考えるようなことですが、広い遊び場では、「どうすれば子どもが自分から集まれるか」「集まった子どもに遊び博士の動きはどう見えるか」など、考えなければいけないことが少し変わります。

2）設定遊び（ビデオを見ながら振り返り➡遊び方の紹介）

設定遊び（スポット）の内容を決めた後、その内容を紹介するビデオを撮ります。担当教師は「遊び博士」に扮し、人形の「まみちゃん」と一緒に楽しく遊びを盛り上げられそうなビデオを撮ります。当然、ビデオで紹介する遊び方は、実際に子どもが遊びの指導で行うことをイメージして考えます。

（3）実際に行ってみて

設定遊びの検討会議は始まってからまだ日が浅く、まだ十分に実践が蓄積されていない部分もありますが、以下に具体的な設定遊び（スポットや導入ビデオ）の内容例やコツを示しました（詳しくはＰ 54の設定遊びの項も参考にしてください）。

表 3-2　設定遊び（スポット / 導入ビデオ）の内容例や計画上のコツ

■設定遊びの内容
○皆でやってみよう！
・工作コーナーで○○を創ろう
・色水コーナーでどんな色水ができるかな
・
○経験が少ない遊び/遊び方にチャレンジ！
・大きな滑り台でこの遊具・道具を使って遊べるかな！?
・（ストーリー性のある遊び）
・
■設定遊び（スポット）のコツ
○まずは、子どもにとって楽しい遊びになるように。そのうえで…
□日頃の子どもの様子を踏まえて「遊びたくなる/動きたくなる」内容か
□「やってみたい」と思えるほどのインパクトがあるか
□待ち時間ができる場合、待っている子にはどう見えるか、感じられるか
□遊びのリズムやテンポは良いか。行動をかき立てられるBGMか
□使う道具ははっきり目立っているか、一人一人に使いやすいものか
■設定遊び（導入ビデオ/紹介）のコツ
□できるだけ多くの子どもが実施可能で、巻き込むことのできる内容を取り上げる
□内容はテンポよく、長すぎず短すぎず5分程度で
□遊びの内容だけではなく、楽しい雰囲気も伝えられるように
□ビデオに映る教員は、いつもに増して元気よく
□ビデオで注目してもらいたい部分（視覚情報）とそうではない部分とのメリハリ

（4）設定遊びの検討会議が教師に与えた影響

上述の通り、設定遊びの検討会議は、始めてからまだ日が浅く、これからどのようになっていくかはまだ不明なことも多くあります。ある程度、設定遊びの内容やコツが整理されたところで、検討会議の頻度は減る可能性もあるでしょう。ただし、教員異動に伴って教師の入れ替わりが発生するため、完全になくなるということも考えにくいです。例えば、教員研修の一つの形として、実施し続けることの意義も考えられます。

職員室で遊具や環境構成の企画図（書面）を共有しながら、お互いに意見を言い合う時間も必要です。しかし、とある一つの遊具（ないし場の配置等）に対して、「おもしろそう」「こういう遊び方ができるかも」とイメージする内容は、個々の教師間で頻繁にすれ違います。例えば、「滑り台の降り口に段ボールブロックを積んだら、崩す活動で盛り上がらないかな」と職員室で提案したA先生。他の先生も喜んで賛同します。しかし、やっと遊び場に慣れてきたおとなしい1年生を担当しているB先生は心の中で「●●ちゃん、せっかく滑り台に興味を持ち始めたのに、そんなににぎわっちゃうと逃げてしまわないかな…」と不安になることもあります。企画担当だけに任せるのではなく、実際の遊び場での議論を含めて、こうした「設定遊びの検討会議」を行うことで、すべての子どもたちがよりよい形で巻き込まれる遊び場づくりにつながります。

3．一瞬一瞬の表情を皆で議論：安心度ー夢中度のカンファレンス（SICS）

（1）なぜ、いつから始めた？

子どもたちの多くは、遊び場の環境に自分から積極的に関わろうとしていきます。ただし、初めて本校の遊び場で遊ぶ新入生の中には「大きくて怖い（特に空間が閉じた体育館）」「何をしていいのか分からない」とたじろいでしまう子どももいます。また、本人の発達段階や特性によっては、しっくりくる遊びが見つからず、遊びを転々としてしまう子どももいます。私たちは遊びこんでもらうことを目指すのですが、「安心していられるか」という視点も必要であることと感じていました。平成27(2015)年ごろのことです。

（2）SICSとは何か

紹介するSICS(Well-being and involvement in care process-oriented Self-evaluation Instrument for Care Settings）は、海外（ベルギー）の幼児教育の文脈にて開発されたものです。ここでは子どもたちが生活したり遊んでいる姿を、ビデオやエピソードとして切り取ります。そして、その場面について「安心度（Well-being)」と「Involvement（夢中度)」という視点から、複数の大人がそれぞれ5段階で評定し、その理由などを語り合います。子どもの姿・立場から実践の質を向上させようとするものです（日本版SICSとして秋田・芦田・鈴木・門田・野口・箕輪・淀川・小田, 2010)。

上記のような悩みを感じていたころ、本校の研究助言者の方（砂上史子先生：P106コラム3参照）より紹介していただき、実際に複数の児童でSICSを実施してみました。

表 3-3　SICS における「安心度」と「夢中度」（秋田ら，2010 より抜粋）

	評定		状態
安心度	1	特に低い	子どもが明らかに不信感を示している。
	2	低い	子どもの態度、表情、行動から、子どもの気持ちが安定していないことを示している。 しかし、評定1ほど明確な様子は見られず、不快感が絶えず示されているわけではない。
	3	中程度	子どもの態度は自然で，表情や態度に大きな変化がない。 悲しそうなそぶりや喜びの表現，快適か快適でないかの様子もそれほど明確ではない。
	4	高い	子どもは明らかに評定5に書かれている満足の様子を示している。 しかし，持続的に絶えずその様子が見られるわけではない。
	5	特に高い	観察中，子どもは楽しんでおり，実際満足している。
夢中度	1	特に低い	子どもはほとんど何の活動もしていない。
	2	低い	子どもはある程度活動しているが，たびたび中断してしまう。
	3	中程度	子どもはいつも忙しそうにしているが，何かに集中しているようには見えない。
	4	高い	明らかに子どもは活動に参加している様子が見える。 しかし，常に精一杯取り組んでいるとは見えない。
	5	特に高い	観察中，子どもは絶えず活動に取り組んでおり，完全に没頭している。

（3）実際に行ってみて

これまで複数の子どもを対象にSICSを実施してきました。おおむね各検討会での実施プロセスは以下のようなものになっています。なお前準備として、事例児の主担当者は「みんなにぜひ見てもらいたい」「こういう場面で理解の仕方や支援の仕方で悩んでいる」「この場面がイチオシ！」という理由などから、ちょうどよさそうな場面を選んでおきます。

表 3-4　本校で実施したSICSのステップと所要時間

	ステップ	所要時間
①	ケース検討会の趣旨説明	5分
②	日本版SICSの説明	10分
③	単元中の児童の姿の視聴（主に録画ビデオ）	ビデオの録画時間分
④	③のビデオが短く（例えば３分程度）、前後の状況がわからないと判断しにくそうな場合に、補足説明を行う。ただしここで説明をしすぎると、協議が盛り上がらないので最小限にとどめる。	5分
⑤	選択された場面について、安心度ー夢中度の評定	15分
⑥	協議	45分
⑦	ケース検討会を実施してのまとめ （振り返りと個別アンケート）	10分

図3-6、図3-7は、自閉症と知的障害のあるA君についてSICSを通して話し合った際の様子と「安心度—夢中度」の記録（ホワイトボード）です。A君は転導性がとても高く、「遊びたい」と思っても、体が先に動いて注意がそれてしまうため、転々とする状況が続いていました。

図3-6　A君についての話し合いの様子

担任が選定した2つのビデオは、①他の子どもも落ち着きにくい「教室から遊び場へ移動する場面」と、②実際に遊びが進んだ後半の場面でした。この検討会では、冒頭の①の場面は、安心度も夢中度も教師間での評価はさほど変わらず、安心度は全員4、夢中度は3となり、その理由もおおよそ似たようなものでした。しかし、A君が太鼓橋の上を歩いて移動したのち、すぐに遊びを転々とする②の場面では、特に夢中度で、2から5まで幅広い数字が出されました。A君の場合、一つ一つの遊具を瞬間的に見て、「触ろう」「関わろう」とする意欲は教師から見えるものの、次々に遊びが変わってしまう姿を「熱中・没頭」と判断していいのかどうかで、意見が割れていました。安心度に比べて夢中度の評価が難しいことが話題に上りますが、そのことを含めて教員間で意見が述べられる中で、A君の遊びを支える上では以下のことが重要であることも話題にのぼりました。

- 時間帯的に給食の前であり、空腹などの内部感覚によって落ち着き具合が変わるかもしれないこと
- 「遊び場」と「遊び場の外」という場所をしっかり把握していること
- 一つ一つの遊具をこれまで経験しているかどうか
- 触れる、触る、振る…などの「感覚－運動」という対応枠組みから、遊び場での経験を重ねていること
- A君は人が大好きで、大人が一緒に、声かけやくすぐり、手をつないで関わってくるととてもうれしいこと。「手をつないで、太鼓橋を渡る」「落ちている遊具を一緒にもって振動させる」など、大人が媒介となって遊具・遊び場との接点を作り、経験を広げることが重要ではないかということ

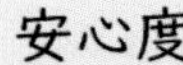

夢中度

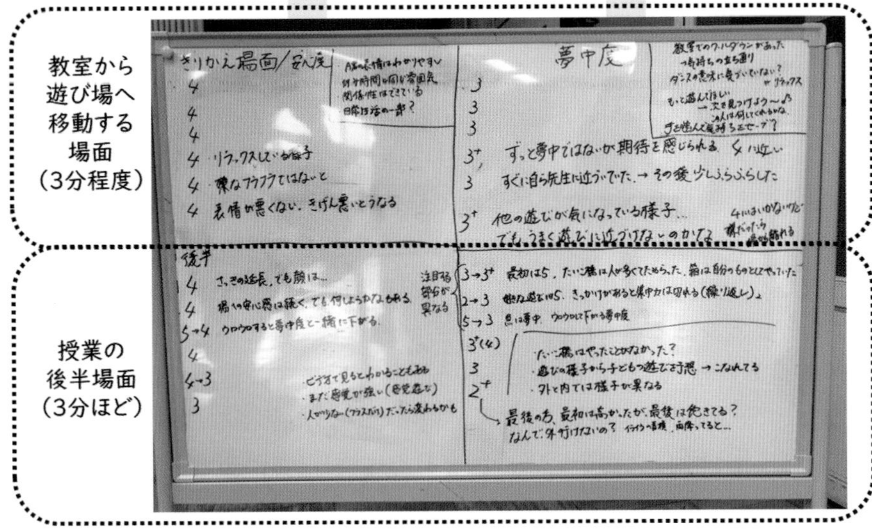

図 3-7　A 君についての話し合いのまとめ

（4）SICS が教師に与えた影響

A 君を含めて、特に「声」がない／出にくい子どもの内面は、たくさんの解釈ができてしまうため、意見をすり合わせて、支援の方向性を揃えていくことは、とても難しい作業でした。SICS を用いたケース検討会では、実践の中では時に難しい「同じ場面」を皆で眺めながら、一端は子どもの姿を数字として表します。しかしその数字は、客観的・絶対的なものではなく、あくまで子どもを理解するための協議の材料として位置付けています。教師間で大きく数字がずれた場合も、そして逆にほとんど似たような数字が出てきた場合にも「判断した理由は違うかもしれませんので…」と、他の教師の思いや解釈に耳を傾けます。そうすることで、自分が見ていない場面での子どもの姿はもちろんのこと、「瞬間的に思い浮かんだ支援のアイデア」なども自然と集まることがありました。実践では、日々「あれを出したらいいじゃないか」「ちょっとこれは変えたほうが…」ということがたくさん浮上してきますが、複数の児童･大人で実践を行っていると、どうしても言い出しにくいことがあります。SICS を用いた検討会を行うことで、「他の先生に言ってみてよかった」という経験やきっかけにつながると考えます。

【文献】

秋田喜代美・芦田宏・鈴木正敏・門田理世・野口隆子・箕輪潤子・淀川裕美・小田豊（2010）子どもの経験から振り返る保育プロセス：明日のより良い保育のために．幼児教育映像制作委員会．

古川久敬（1990）構造こわし―織変革の心理学―．誠信書房．

肥後祥治（2013）第 1 節授業づくりで大切なこと（p10-13）．肥後祥治・雲井未歓・片岡美華・鹿児島大学教育学部附属特別支援学校「特別支援教育の学習指導案と授業研究―子供たちが学ぶ楽しさを味わえる授業づくり―」ジアース教育新社．

コラム column 3 遊びと環境

こども家庭庁が2023年12月に公表した、今後のこども政策の基本的な方針等を定めた「こども大綱」は、ライフステージを通した重要事項の1つに「多様な遊びや体験、活躍できる機会づくり」を挙げています。遊びを通して諸側面の発達が促され「ひいては、生涯にわたる幸せにつながる」とその意義を述べています。同時に公表された「幼児期までのこどもの育ちに係る基本的なビジョン（はじめの100か月の育ちビジョン）」でも、乳幼児の育ちにとって重要な「遊び」の保障が、そのウェルビーイングを高める上で重要であるとしています。また、豊かな遊びのための環境について、「モノ・自然・絵本等・場所といった多様な環境」「こどもの働きかけにより、変化や手応え等の応答が得られる環境」「こどもの成長に応えられる環境」が必要としています。

「幼稚園教育要領」では、幼児の自発的な活動としての遊びを「重要な学習」と位置づけ、幼児が主体的に環境と関わることを通して発達を促す「環境を通した教育」を基本としています。そのためには、環境構成や教材研究が非常に重要です。こども家庭庁の大綱やビジョンも踏まえると、幼児教育における環境・教材の条件としては、多様性と応答性が挙げられます。前者は種類の多さだけでなく同じ物であっても多様な関わり方ができるもの、後者は変化を生み出すことができかつ環境それ自体や周囲からのフィードバックが伴うものと言えます。

2010年から千葉大学教育学部附属特別支援学校小学部の「遊びの指導」に助言者の立場で参与して、10年以上が経ちます。この間「遊びの指導」の実践から、主に2つのことを考えてきました。1つは、遊び環境の条件としての多様性と応答性の引き出し方です。広汎性発達障害等の特性から遊び方に常同性が強い場合は、遊びに変化や発展が生じにくい事態が生じます。このことに対して、「遊びの指導」では、遊び方を紹介する動画や、遊び場での一斉活動、共に遊ぶ教師のあり方などが研究されてきました。2つ目は、「遊び場」という空間が持つ意味です。「遊びの指導」は、毎回体育館や戸外の広い空間に「遊び場」を構成して行われています。それぞれの児童が「遊び場」という空間を他者と共有し、他者の存在を感じたり刺激を受けたりしながら、「場に抱えられて」時間を過ごすこと自体に、潜在的な教育的、療育的意義があると感じます。これら2点に関する知見がさらに厚みを増すことを期待するとともに、それらは幼児教育の遊びのあり方にも大いに示唆を与えてくれるものになると考えています。

（砂上　史子）

【文献】

こども家庭庁（2023）こども大綱.
こども家庭庁（2023）幼児期までのこどもの育ちに係る基本的なビジョン（はじめの100か月の育ちビジョン）.
文部科学省（2017）幼稚園教育要領.

第 4 章

遊具集・事例集

第1節
遊具集

実際に授業で使っていた遊具について、①どのような遊びを引き出せるか、②どのような学びが含まれているか、③遊具を考える際のポイントを記していきます。なお、①②はあくまで一例であることをご承知おきください。

1 おままごとコーナー

料理を作るのに加え、赤ちゃんを人形風呂に入れて髪を乾かしたり、電話をかけたり…と普段の生活でやっていること（またはテレビ等で見たこと）を「行うフリ」をして遊ぶことを期待して、おままごとコーナーを設置しています。じっくりと手先を使ったりイメージを膨らませたり、感覚遊びをしたりできる場です。

おままごとコーナーの一例「あかちゃんハウス」

遊具（おままごとコーナー）の効果・関連する学び

①どのような遊びを引き出せるか（例）	②どのような学びが含まれているか（例）	関連する教科・領域（例）
・料理を食べるふりをして口を開ける。	・普段やっていることのふり遊び（短い動作）	・図工（表現 鑑賞）身体の動き（日常生活に必要な基本的な動作に関すること）
・野菜を冷蔵庫から取る→切る→炒める→お皿に盛る→食べる	・普段やっていることのふり遊び（一連の動作）	
・「お母さん」になりきって遊ぶ。	・○○になりきるごっこ遊び	・人間関係の形成（他者の意図や感情の理解に関すること）
・作った物を友達に食べさせたり、「弁当」として届けたりする。	・○○を作る、○○に物を渡す等、目的をもって物を作る。 ・他者と目的を共有する。	・身体の動き（日常生活に必要な基本的な動作に関すること） ・人間関係の形成（他者の意図や感情の理解に関すること）
・食材のおもちゃを切ったり、炒めたり、皿に盛りつけたりする。	・手先を使った道具の操作	・生活（ものの仕組みと働き） ・身体の動き（日常生活に必要な基本的な動作に関すること）
・腰を据えて、先生と一緒に料理を作ったり、人形を風呂に入れたりする。	・同じ活動をしばらくの間続けて行う。 ・他者と目的を共有する。 ・遊び方を模倣する。	・生活 遊び ・心理的な安定（情緒の安定に関すること）
・食材や調理器具のおもちゃを触って心地よい感触を得る。	・好きな遊びを見つけ、自分から物に関わる。	・生活 遊び ・心理的な安定（情緒の安定に関すること）

■遊具を考える際のポイント

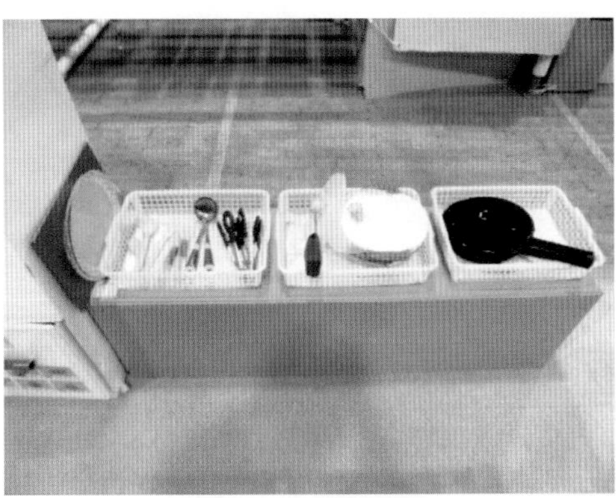
調理器具の置き方

・衝立で、場を仕切り、子どもが遊ぶ場を認識しやすくする。
・調理器具、食材のおもちゃは手に取りやすいように並べて置く。扉付きの棚や棚の下段等、見えにくい場所にしまうと、出して使う子が少ないことも。
・テーブルの高さは子どもが遊びやすい高さにする。地べたに座れない子どもがいれば、低い椅子を出す。
・模倣して遊びやすいように、道具は同じものを２セット以上出す。
・子どもが普段どのような生活を送っているかが、遊び方に現れる。家庭でどのようなことをしているかを考えることや、調理や宿泊学習等学校で行ったことを遊具に取り入れることも有効。

おままごとコーナーで遊ぶ様子

2 道

つり橋、ペットボトルの道、でこぼこ道等、遊び場の中には、子どもが移動しながら遊べる遊具がいくつかあり、本校ではひとまとめに「道」と呼んでいます。パッと見てやることが分かるシンプルさゆえ、「やってみよう」という思いを引き出して遊びのきっかけになることも多い遊具です。低学年の子どもにとっては、道を歩くことがチャレンジになることもあります。

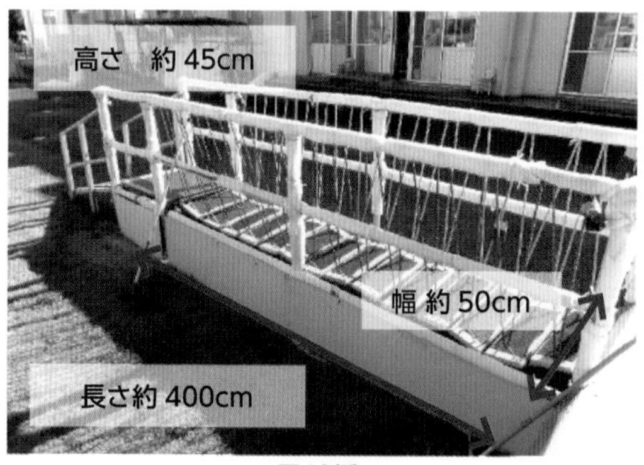

吊り橋

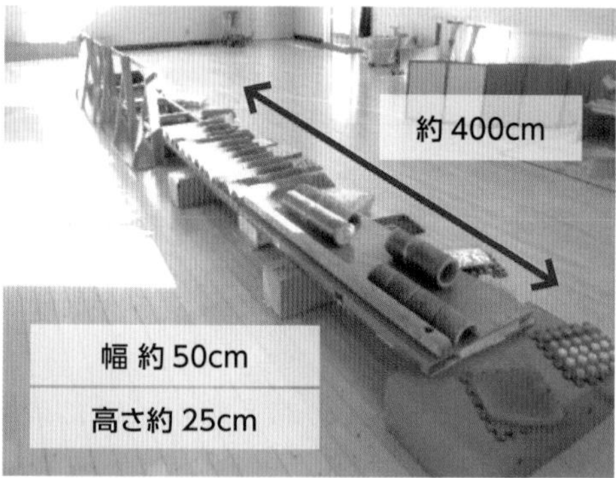

でこぼこ道

たいこ橋（写真上）

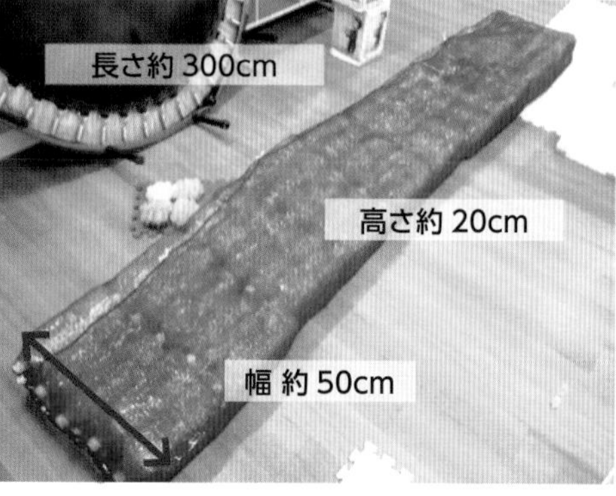

ペットボトルの道

遊具（道）の効果・関連する学び

①どのような遊びを引き出せるか（例）	②どのような学びが含まれているか（例）	関連する教科・領域（例）
・道を通って、目当ての場所まで移動する	・場に入れなかったときに、遊び始めるきっかけになる ・今いる遊具から、別の遊具に移動するきっかけになる	・生活（遊び）
・「道」を渡るのが難しい、又は未経験のとき、なんとか渡ろうとする	・経験の少ない遊びにチャレンジする	・身体の動き（姿勢と運動／動作の基本的技能に関すること） ・心理的な安定（障害による学習上の困難または生活上の困難を克服改善する意欲に関すること）
・ひたすら行ったり来たりして遊ぶ ・道の途中で立ち止まったり、座ったりして、ぐらぐらする感覚を味わう（揺れる道）	・好きな遊びを見つけ、目的をもって物に関わる ・不安定な足場を歩く	・生活（遊び） ・心理的な安定（情緒の安定に関すること） ・身体の動き（姿勢と運動／動作の基本的技能に関すること）
・追いかけっこをしたり、1人で場の中を巡ったりする際のコースにする	・追いかっけこする際に「道」をコースをとして選び、より難しく・面白くしようとする	・生活（遊び）

■遊具を考える際のポイント

・ある程度の長さが必要。1～2mではあまり子どもが遊ばなかった「道」を、3～4mの長さにしたところ、多くの子が集まるようになった。

・歩き心地の不安定さを作る。吊り橋はぐらぐら揺れる、ペットボトルの道は柔らかくて足元が透けて見える等、足元が適度に不安定であることが子どもにとって「面白そう」と思うポイントになる。板の上に凸凹を付けた「道」は、ただ地面に置くだけのときよりも、地面から25cm程上に上げて橋のようにしたところ多くの子が集まるようになった。ただし、強度については教師が実際に乗ってみて、十分に確認を行った。

・「道」を渡ることで、遊具から遊具へ移動できるようにする。

3 砂場

本校では3m×2mの広さの砂場を作っており、スコップ等の道具、水道、テーブルや椅子といったものを近くに配置しています。砂や水という素材は多くの子を惹きつけます。感触遊び中心の子どもにとっては、感触を十分に味わい、より遊びを面白くしようと道具を使うきっかけになったり、自分で遊びを工夫する子にとっては自由に自分のアイデアを試しながら遊んだりする場になっています。

砂場の設置例（左）・道具の設置の仕方（右）

砂山を作って遊ぶ様子（左）・じょうろで筒に水を入れて遊ぶ様子（右）

遊具（砂場）の効果・関連する学び

<table>
<tr><th colspan="2">① どのような遊びを引き出せるか（例）</th><th>②どのような学びが含まれているか</th><th>関連する
教科・領域（例）</th></tr>
<tr><td rowspan="4">感覚を得ながら遊ぶ</td><td>砂を触る</td><td rowspan="4">・好きな遊びを見つけ、自分から物に関わる
・長い時間遊び続ける
・素材を観察する</td><td rowspan="4">・生活（ものの仕組みと働き）
・図工（鑑賞 表現）
・身体の動き（日常生活に必要な基本的動作に関すること）</td></tr>
<tr><td>靴を脱いで裸足になって踏んだり、足や手を砂の中に埋めたりする</td></tr>
<tr><td>はらはらと舞う様子を見る</td></tr>
<tr><td>水を含んだ砂の色や感触が変化する様子を感じる</td></tr>
<tr><td rowspan="3">使うこと自体を目的に道具を使う</td><td>容器に砂を入れる</td><td rowspan="3">・手先や身体全体を使った道具の操作
・道具の使い方の熟達</td><td rowspan="3">・生活（ものの仕組みと働き）
・図工（鑑賞 表現）
・身体の動き（日常生活に必要な基本的動作に関すること）</td></tr>
<tr><td>スコップやシャベルで砂をすくう</td></tr>
<tr><td>一輪車に砂を入れて運ぶ</td></tr>
</table>

目的のために身体や道具を使って遊ぶ	砂山を作るためにバケツに砂を入れて運ぶ	・目的のために何が必要かを考え、道具を選んで使う ・目的に合わせた手先の操作 ・手先や身体全体を使った道具の操作 ・イメージをもって遊びを面白くしようと工夫する	・生活（遊び） ・生活（ものの仕組みと働き） ・図工（鑑賞 表現） ・身体の動き（日常生活に必要な基本的動作に関すること）
	池を作るために、シャベルで穴を掘りバケツで水を入れる		
	「雨どい」で砂を流したくてバケツに水を汲んで流す		
	泥団子が作りたくて容器に砂と水を混ぜ、手で丸める		

■遊具を考える際のポイント

・数名の子が一緒に遊べる広さがある。
・水道が近くにあり、子どもだけでも使える。
・子どもが道具を探せるように、見えやすくラベルを付けて壁に掛けてある。
・多様な遊び方が引き出せるような道具を設置しておく。
　例えば、本校では以下のような道具を置いた。

シャベル、スコップ、一輪車、カップ、ふるい、バケツ、じょうろ、型ぬきの型、透明な筒、皿、動物フィギュア、松ぼっくり等

4 新聞紙・緩衝材プール＋滑車リフト、パラシュート

「感触遊びを屋内でも思いっきりできる場」や「砂場みたいに感触遊びから物を使った遊びに発展するような場」があると良いという意見から生まれたのが、「新聞紙・緩衝材プール」です。約3m四方の囲いの中に新聞紙と緩衝材を入れた遊具で、言わば、ボールプールの新聞紙・緩衝材版です。ボールと違って散らばり過ぎないのが良い点です。また、新聞紙は握ったり破いたり、力を加えると形が変わる素材で、発展の仕方があります。緩衝材も触り心地やプチプチ潰すことができ多くの子どもを惹きつけます。本校では、場の近くに新聞紙をかごにのせて上下に運ぶ「滑車リフト」

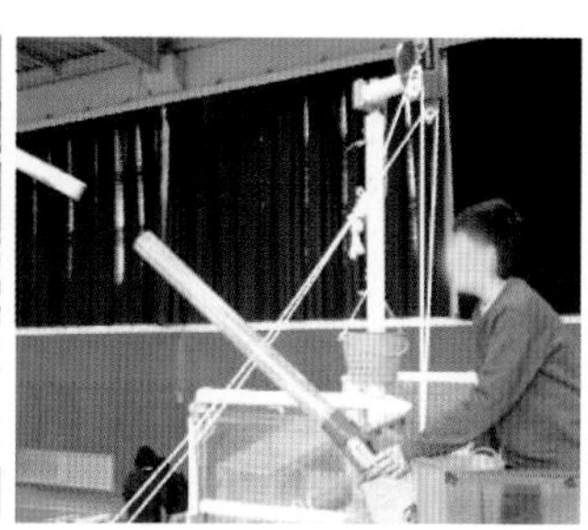

新聞紙・緩衝材プール（左）・滑車リフト（中央）・パラシュート（右）

やスイッチを押すと空気で物を飛ばせる「パラシュート」を置いたことで、それらを使って遊ぶ姿が多く見られました。

遊具（新聞紙・緩衝材プール）の効果・関連する学び

①どのような遊びを引き出せるか（例）	②どのような学びが含まれているか（例）	関連する教科・領域（例）
・新聞紙や緩衝材の中に埋もれる	・好きな遊びを見つけ、自分から物に関わる ・長い時間遊び続ける ・囲われた場所なため、居場所になりやすい	・生活 遊び ・心理的な安定（情緒の安定に関すること）
・新聞紙をちぎる ・緩衝材を潰す	・素材を観察する ・手指の操作	・図工（鑑賞 表現） ・身体の動き（日常生活に必要な基本的動作に関すること）
・新聞紙や緩衝材を投げ、ひらひら舞う様子を見る	・素材を観察する ・手指の操作	・生活（ものの仕組みと働き） ・図工（鑑賞 表現） ・身体の動き（日常生活に必要な基本的動作に関すること）
・バケツ等に入れて、たくさんの量の新聞紙や緩衝材を舞わせる	・素材を観察する ・手指の操作	

遊具（滑車リフト・パラシュート）の効果・関連する学び

①どのような遊びを引き出せるか（例）	②どのような学びが含まれているか（例）	関連する教科・領域（例）
・新聞紙や緩衝材を「滑車リフト」で運び、「パラシュート」で上から飛ばす	・目当てをもって一連の動作を行う	・生活（遊び） ・生活（ものの仕組みと働き） ・図工（鑑賞 表現） ・身体の動き（日常生活に必要な基本的動作に関すること）
・緩衝材を滑り台に持っていき、敷いて滑る	・遊びを面白くしようと工夫する	・生活（ものの仕組みと働き） ・生活（遊び）

■遊具を考える際のポイント

・「面白さ」のカギは新聞紙・緩衝材の量と「ふわふわ感」にあると考え、量はたっぷり、新聞紙は重ねずに一枚一枚を少しくしゃっとさせて入れる。

・場の中央、人が集まりやすいところに配置すると多くの子どもが集まりやすい。新聞紙プールが居場所になっている子どもにとっては、場の中央にあることで、ここを拠点としていろいろな遊びにアクセスできる。

・子どもが興味をもって遊んだり、作ったりすることを期待して、新聞紙を丸めて作ったボール、緩衝材で作った「クッション」等、素材を使って作った物を、あらかじめ見本として置いておく。
・新聞紙や緩衝材を集めたり、撒いたりできるような箱や籠を置く。

5 ダンス TV ＋ステージ

ある単元でのことです。ステージの上で音楽をかけてダンスを行ったところ多くの子どもが集まったため、いつでもダンスができるようにと急遽 CD デッキを設置してみました。ところが、CD デッキがあるだけでは教師の手本もなく、操作も難しいためか、なかなか子どもは集まりませんでした。この経験から、「動画だったら楽しめる子が増えそう」「いつでも子どもが自由に使えるものがいいね」「単純な操作でできることも大事だね」と考え、「ダンス TV」が発案されました。

「ダンス TV」とは、子どもがボタンを押して好きなダンスの動画を選んで観ることができる遊具です。ダンスを流したら、そのまま真似して踊ることができるように、「ダンス TV」は「ステージ」に設置されます。「ステージ」は簡易的なもののこともありますし、体育館のステージを使うこともあります。「ダンス TV」の詳しい構造については図 4-1、4-2 に記しました。

図 4-1　ダンス TV ＋ステージ（設置例）

スイッチの近くに曲のリストを貼ると、選択しやすい

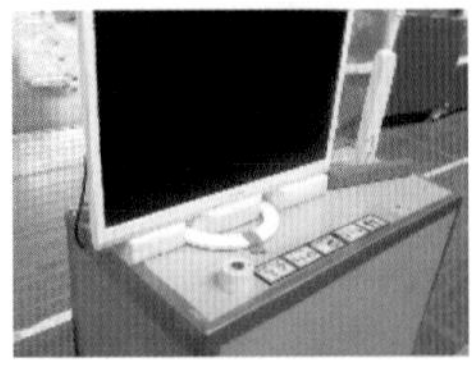

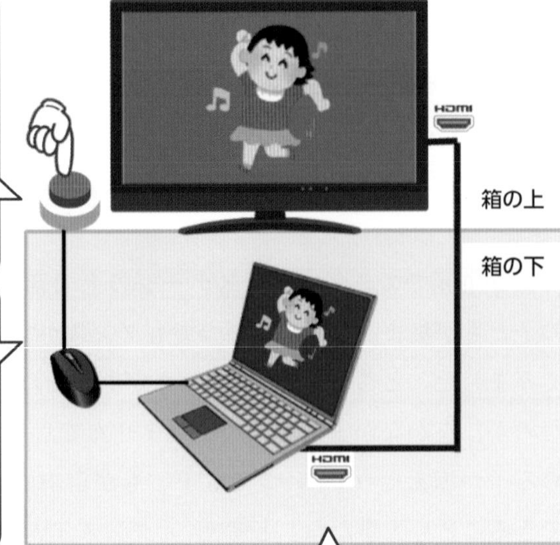

改造マウス※1
左クリックとボタンを接続し、ボタンを押すことで左クリック操作できる

PC は左クリックのみで、動画の再生・スキップができるように調整してある

PC

■ Microsoft Power Point を使用

■例えばダンスを 3 曲入れる場合は、以下のように 7 枚のスライドを作成

タイトル（動画①）　（動画①）　タイトル（動画②）　（動画②）　タイトル（動画③）　（動画③）　戻る

最後のスライドで「ハイパーリンク」の機能を使い、クリックしたら 1 スライド目に戻るように設定する

■改造マウスを用い、左クリックのみでスライドを操作できるようにするため、ポインターの位置を画面上の定位置で固定する必要がある。
　そのため、以下の工夫を行った。

①マウスを固定する

②ポインターをスライド内の余白に置く
　ポインターが動画上にある状態でクリックすると、同じ動画がまた始めから再生される。それを防ぐため、動画はスライドいっぱいに貼り付けず、余白にポインターを置く

③「ポインターを常に表示する」という設定にする
　一定時間が経過して、ポインターが自動で隠れてしまうと、ハイパーリンクをクリックすることができなくなるため。

※1 子どもたちが「いつでも・自由に」扱えるようにするために、自作の改造マウスを用いた実践を行っています。肢体不自由のあるお子さんのいる特別支援学校では、比較的身近な物であると思われますが、基本的には購入できるようなものではなく、「改造マウス」「AT（Assistive Technology）」「自作スイッチ」等を主題としたワークショップ等で作成することができます。市販の物で代用する場合、タブレット端末や、デジタルコンテンツに直接アクセスする「ドットコードリーダー」「音声ペン」等のツールを使うことも可能だと考えられます。

図 4-2　ダンス TV の仕組み

遊具（ダンス TV）の効果・関連する学び

①どのような遊びを引き出せるか（例）	②どのような学びが含まれているか（例）	関連する教科・領域（例）
・ボタンを押して、画面や音が切り替わることを楽しむ	・目当てをもって物を操作する ・順番を守る	・生活（遊び） ・生活（ものの仕組みと働き） ・生活（人との関わり）
・動画の模倣をしてダンス、短い劇、演奏等をする	・動きの模倣をする ・（複数人のダンス等をしたくて）、友達や教師を誘ったり、相手の動きに合わせようとしたりする	・身体の動き（日常生活に必要な基本的動作に関すること） ・人間関係の形成（他者との関わりの基礎に関すること）
・ダンスを披露したり、それを見たりする	・他者を意識して表現を行う ・他者と場を共有する	・体育（表現遊び・運動） ・音楽（表現） ・身体の動き（日常生活に必要な基本的動作に関すること）
・曲や衣装や楽器等、好きなものを選ぶ	・目当てをもって物を準備する	・生活（遊び）

■遊具を考える際のポイント

・子どもたちの興味関心や目的をイメージしながら動画の内容を考える。
・動画の種類が多過ぎると扱いにくくなるため、3～4種類が良い。
・音の大きさや、音響の向き等の配慮をする場合がある。
・1つの動画の長さは1分前後が良い。動画の時間が長いと場を離れてしまう子どもが多い。
・ダンスの曲はリズムや歌詞の響きの面白いものが良い。また、子どもが知っているかどうかという視点で選ぶのも良い。学校の活動で取り上げられたことのある曲、童謡や子ども向けの曲はもちろん、テレビやSNS上の流行りの曲に興味を示す子どもも多かった。

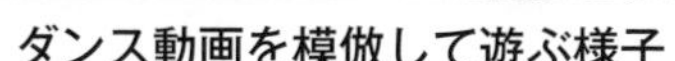
ダンス動画を模倣して遊ぶ様子

寸劇の模倣で遊ぶ様子

・ダンスの振り付けは、「簡単で動きやすい」「印象に残り面白い」という２つの視点から考えている。経験則ではあるが、動きやすい振り付けは、ジャンプする、回る、手で体の部位を触る、手を挙げる、手を合わせる等の動きである。印象に残る面白い動きは、「イルカのポーズ」「おなかが減ってしゃがみ込む」など子どものイメージと結びついた動きである。もともと振付がある曲を使う場合も、アレンジすることが多い。

第2節
事例集

事例1　場の端で一人遊びをするAさんが皆と同じ場で遊ぶようになるまで

■Aさんの実態：1年生のASDの男の子。少々人見知りで、感覚遊びが中心

Aさんは、ASDの男の子です。入学当初、指さしや有意味の発語はありませんでしたが、着替えや排せつなどは簡単な指示に応じて教師と一緒に取り組めました。興味の対象がまだ限定的で、休み時間にはお気に入りの青い箱を持って教室内を歩き回り、繰り返し叩いたり振ったりして遊んでいることが主でした。授業中や着替えのときには教師の指示をよく聞いているのですが、休み時間など教師が一緒に遊ぼうと近づくと離れていく姿がよく見られました。

■初めての遊びの指導では、場の「外」が居場所（1年生6月）

新型コロナウィルスの影響による休校が明け、本格的な登校が始まってからしばらくすると、学部全体での遊びの指導が始まりました。体育館には滑り台やキッチンなど様々な遊具がありましたが、そちらには興味をもたず、約3週間の単元期間のほとんどを体育館のステージの上で過ごしました。ステージでは手をひらひらさせて過ごすことがほとんどでした。

この間、教師はあの手この手でAさんと関わろうとしました。しかし、ステージ上で一緒に遊ぼうとしても、少し離れた場所にある遊具に誘っても、ぷいっとステージの反対側に行ってしまうAさん。そこで、Aさんが別の単元で箱積みして遊んでいたことを思い出し、箱をステージに持っていきました。すると「この箱知ってるよ。倒せばいいんでしょ」という感じではありますが手を伸ばして応じてくれました。これが関わりや遊びの糸口になればと思い、倒したときには大袈裟にリアクションをしたり、くすぐったりしたりして一緒に遊ぶようにすると、時折笑顔を見せることもありました。とは言え、全体的にはまだまだ教師の誘いに応じることは少ないAさんでした。

■砂遊びに夢中…でもまだ、ちょっとみんなから離れた場所で（1年生10月）

10月の屋外での単元では、砂場がAさんの居場所になりました。3週間の単元期間中のほとんどの時間を「両手で砂をすくって、近くのマンホールの上まで行って

『ふわっ』と胸の高さに投げ、舞う砂を見る」という遊びに夢中でした。教師は6月のときの反省を生かして、Aさんを露骨に遊びに誘うことはあまりせずに、隣で同じ遊びをして見せたり、コップやシャベルで砂をすくって遊んだりしました。するとAさんは周りの教師と場を共有することを受け入れ、長い時間を一緒に過ごすことができました。様子を見つつコップやシャベルで遊ぶよう勧めてはみたものの、Aさんが行っていた「砂を撒く」遊びの魅力には勝てず、このときは隣で遊びつつ夢中で遊ぶAさんの姿を見守っていました。

砂場の砂を手に持って、マンホールの上に向かうAさん

このくらいの時期から、徐々に周囲の人を意識することが増えてきて、教室での休み時間の過ごし方にも変化が見られてきました。教師に抱えてもらって「3、2、1」の掛け声でジャンプをしたり、追いかけっこをしてくすぐってもらったりする遊びを気に入り、教師からの関わりを受け入れることが増えました。

■皆と同じ場所で遊べるように（1年生2月）

2月は6月と同様に体育館での実施となるため、「また、ステージで過ごすのでは」と心配しながらのスタートでした。しかし、予想は良い方向に大きく外れ、いざ単元が始まるとAさんはステージには行かず、場の中央へ向かいました。そこでAさんは、これまでは誘われても見向きもしなかったトランポリンやブランコに自分から近寄って、友達や教師の様子をじっと観察していました。その後はあっという間に輪の中に入り、教師の膝の上に乗って遊ぶAさんでした。

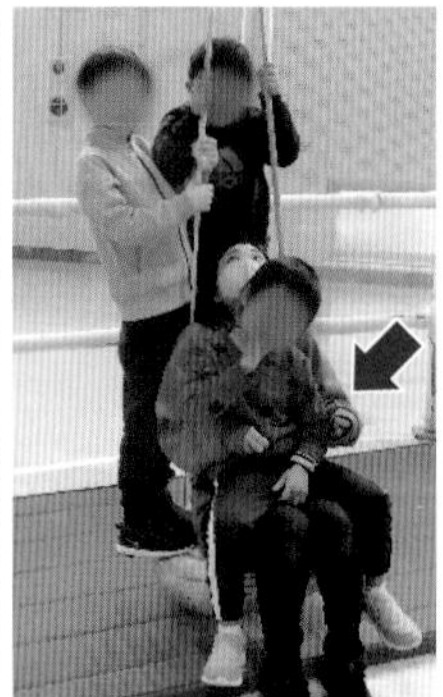
ブランコに興味をもって、遊びに混じるAさん

他には、教師の誘いを受けてシーソーにチャレンジしました。遊んだ後には、誘った教師を見つめて「もっとやりたい」と要求する姿も。遊びが広がり、人との関わ

りの質も高まった場面でした。

■一人遊び中心の過ごし方が変わっていった要因

Aさんの遊びの変化とそれを支えた要因について、「信頼関係」をキーワードに説明してみます。

1つは「目の前の、ありのままのAさん」を尊重した関わりによる信頼関係の形成の段階です。6月のステージの上では、不安そうなAさんの心情に配慮して、Aさんを遊びに連れていくのではなく、Aさんがいる場所に遊びを持っていくようにしました。10月の砂場では、Aさんが始めた遊びを良い変化として捉え、隣で一緒に同じ遊びをしてみました。このままでAさん遊びの様子は変わっていくのか、感覚遊びを受け入れつつ、Aさんと信頼関係を築くことを優先しました。この段階で、Aさんは一人遊びから平行遊び（場を共有して遊ぶ）を行うようになりました。「この先生となら、一緒に居てもいい」という状態です。

2つ目は信頼関係をベースにした、遊びへの興味の広がりです。教師との信頼関係ができた秋頃から、教室では教師と一緒に遊ぶことが増え、「この人と過ごすと楽しい」という経験をたくさん積んでいる状態です。そうした経験が生かされ、2月の遊びの指導単元では、同じ学級の友達やよく一緒に遊ぶ教師が楽しそうに遊んでいる姿をよく見て、遊びに加わるようになりました。「先生がやっているなら、やってみよう」という状態です。

3つ目は、信頼関係をベースに関わりが増加する段階です。上記の通り、教室で教師と一緒に遊ぶ経験を積み、自分からブランコに近づく姿も見られるようになりました。教師はこのチャンスを逃さずに、少し難しいかもしれない「シーソー」に誘ってみました。Aさんは教師と一緒にシーソーに乗り、微弱な反応ながら「もっとやって」という要求まで出きました。興味関心が広がり、難しいことにもチャレンジしてみようという気持ちが芽生えてきました。「先生とならできる」という状態です。遊具を使った遊び、人との遊びに関心が向くことで、自己刺激的な行動が少なくなったのも良い変化でした。

事例2 場をぐるぐる回っているBさんは何を考えて遊んでいる？

Bさんは、どの単元でも乗り物での遊びを好み、授業の多くの時間、場をぐるぐる回って過ごしていました。教師らが話し合いを通して、Bさんの遊びをどのように捉えていったのかを記します。

■Bさんの実態：いろいろなものに興味をもつが、慎重さから周囲で見ていることの多い男の子

Bさんは4年生の男の子。保護帽を被っていますが、運動などに制限はありません。やや不明遼ながら発語があり、自分の意志はきっぱり伝えることができます。音楽が好きで、色んな歌を知っていてよく口ずさんでいます。慣れない活動では不安そうな様子で耳をふさいだり、教室の端に行って様子を見ていたりします。しばらくして本人なりに見通しが持てれば、活動に参加をすることができました。また、慣れない活動でも信頼できる大人と一緒であれば、活動に参加できることもありました。

■誘うと離れるBさん、こっちにくるまで待ってみる？（低学年）

低学年の頃は、粘土を潰したり、乗り物に乗って場をぐるぐる回ったりと、皆で遊ぶよりも自分の世界に浸って過ごすような姿が多く見られました。教師が遊びに誘おうとすると、雰囲気を察してぴゅーっと別の場所に行ってしまい、再び粘土や乗り物へ…ということがよくありました。それでも友達の遊びには興味がないわけではなく、楽しそうな様子を見ると後になってこっそり真似をしていたりする姿もちらほら見られました。

体育館の端から友達の様子を見ているBさん（1年生）

そのようなBさんへの対応については、「どうやったらBさんと一緒に遊べるのかな？」「Bさんの遊びに加わってみたいけど、一人で過ごしている時間、乗り物や粘土で、どんなことをしているか、もっとよく知りたいな」という意見が挙がっていました。しかしこのときは、友達の遊びを真似する姿もあることから「あまり急かさず、Bさんから行動するのを待ってみよう」ということになりました。

■Bさんの遊びを、もっと知るところから始めよう

4年生の2月の遊びの指導の単元で、Bさんは「おままごとコーナー」の赤ちゃん人形を乗せたベビーカーを押して、場をぐるぐる周って過ごしていました。ベビーカーはこの単元で初登場でした。以前からカートを押して遊んでいることの多かったBさんですが、ベビーカーを押す時間はそれより長く、授業時間ほぼ丸々という

日もあるくらいでした。

それを受け、週に１回行っている遊びの記録表カンファレンスで次のような意見が交わされました。「長い時間ベビーカーを押しているけど、以前他の乗り物を押しているときよりも、夢中でやっているってことなのかな？それとも他の遊びに目が向いてないってことかな？」「やっぱりＢさんが何を楽しいと思ってやっているのか、Ｂさんの遊びをもっとよく知らなくてはいけないと思う」「ベビーカーを押すことはＢさんにとってどのような意味があるのかな？シンプルに押したり乗ったりすることが楽しいのか、それとも何か、Ｂさんなりの意味があるのか」などなど。そこで、Ｂさんが何を考えて遊んでいるのか、Ｂさんの遊びをもっとよく見てみよう、ということになりました。担任の一人がＢさんの遊びの様子をビデオで撮ってみんなで観られるようにしよう、ということになりました。

ビデオ撮影の日もＢさんはベビーカーを押して遊んでいました。赤ちゃん人形を乗せたままぐるぐる何周も歩いています。ここまでは今まで見てきたＢさんの姿です。しかし、この後Ｂさんは、ふいに歩みを止め赤ちゃんを抱きかかえてあやしていました。Ｂさんの普段の生活や遊びの様子からは、思いがけない姿でした。この様子について小学部の教師からは次のような意見が出ました。「赤ちゃん人形は乗せているだけじゃなかったなんて、嬉しい驚き」「もしかしたら、今まで乗り物を押していたのも、お母さんが自転車を押す様子を真似していたのかも」「これから、Ｂさんの遊びの見取り方も変わると思う。もっとＢさんのイメージを喚起するような道具立てや誘いかけがしたい」など、過去を振り返って、遊びを意味づけし直したり、今後の支援を考えたりする意見が挙がりました。

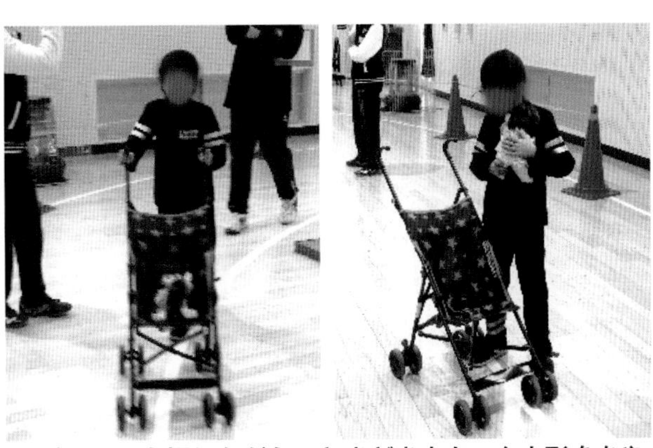

ベビーカーを押しながら、ときどき赤ちゃん人形をあやして遊ぶＢさん（４年生）

■Ｂさんなりの「工夫」が生かされるような支援を（高学年）

５年生に進級したＢさんは、相変わらず乗り物で場を周って遊んでいました。でも、ただ押して遊んでいるばかりではありません。キックボードに乗って、段差がある所をあえて通ったり、坂を上ってゆっくり滑り降りたりと、より面白くしようと通るコースを工夫して遊んでいました。授業では基本的に滑り台や大きな坂等の斜面には乗り物を持っていかないよう約束しています。ですので、Bさんがこの遊びを始めたときは、制止すべきかどうか、その場にいた教師で急遽相談をしました。その結果、ごく低い場所で、周囲に人がいない場面を見計らって遊んでいるため、制止せずに遊びを見守ろうということになり、「ひと工夫して、遊びをより楽しくする」というBさんのスタイルが定着していきました。

キックボードで斜面を滑って遊ぶBさん（5年生）

他には、教師と友達の遊びを見て、「おままごとコーナー」にあるリュックにビニールシートを詰めて背負って「遠足ごっこ」をする姿も見られました。このときは、Bさんが遊びを見ていることに気付いて、さりげなく、教師が背負っていたリュックを降ろし、Bさんが持って行けるようにしたことで、無事に「遠足ごっこ」ができました。

■教師間の話し合いが、Bさんの遊びの発展を支えた？

ここで紹介したBさんの姿は、手本を見せたり、誘ったり、教師が直接Bさんに働き掛けたことで生まれたものではありません。教師はBさんの遊びを見守り、それによりBさんは自分なりに遊び方を工夫する態度を養ってきました。遊びの指導の環境設定や周囲で行われる遊びから、Bさんは自ら学びを得ていたということです。

もちろん、教師はただBさんの遊びを見ていたのではありません。Bさんの遊びについて意見を交わし、Bさんの遊びの意図を理解しようと努めてきました。そうしたことが基盤となり、「坂」での遊びのようにBさんが自ら学ぶことを期待して手を出さずに遊びを見守ることや、「おままごと」での遊びのようにBさんの意図を読んで先回りして環境を整えるこことができたのだと考えます。

事例3　歩行が不安定だったCさんが、遊びを通して多様な身体の動きを経験し学んでいったプロセス

■Cさんの実態：現在6年生で知的障害のある男の子。バランスが保てず歩行などの移動が不安定

Cさんは、知的障害の診断を受けている男の子です。入学当初は、歩くことや座ること自体は可能でしたが、平衡状態を維持することに困難があり、よく歩行が不安

定になることがありました。自発的な言葉はありませんが、人や物に対する興味は人一倍強く、短い発声や身振りを使い分けて、要求や拒否を示したり、返事や呼びかけをしたりして、やり取りをしていました。新しい活動や事物に触れたとき、馴染みの人を見つけた際には、「関わりたい！」という気持ちが強く出ますが、体の動きがそれに伴わないことも多く、前方に突っ込むように転んでしまうこともありました。自立活動では「体の動かし方」が課題となっていましたが、そこでも「緊張が体の内側に比較的強い」「足裏でうまく踏みしめられない」「腰が寝てしまう」などに対する取り組みが、担任教諭によって行われていました。

■「危ない！」を防ぐために場づくりの企画段階から気を付けた１年生（１年生６月）

入学時の引継ぎ情報で「怖いもの知らずで、チャレンジャー」ということを聞いていました。１年生になって、少し慣れてきた６月単元の遊び場で、いきなりそうした姿に遭遇します。この学校で初めての広い遊び場を目にして、Ｃさんは「これもしたい」「あれもしたい」という気持ちが強く出ていたようで、いろんなところに行こうとします。ただ、足元がおぼつかず、あちこちに坂や段差がある遊び場ではつまずいてしまったり、うっかり段差から落ちてしまいそうな姿も頻繁にあり、目が離せませんでした。大きな滑り台にも心奪われたのか、近づいていきます。ゆっくり教師が補助しながら滑り台の上に登ったと思ったら、今度は降りるのが一苦労。お尻をゆっくり動かしながら、教師もしっかりと支えながら、一つ一つの遊具に時間をかけながら日々過ごしていました。引継ぎでは、Ｃさんが一度怪我をすると慎重に行動するようになったという話も聞きましたが、大きな事故につながるようなことがあってはならないと、どのように見守るべきか、この頃はとても悩みました。

膝をつき、手を使って慎重に登る

初めての６月単元が終わった後、全体を振り返れば、Ｃさんの遊びたいという強い気持ちとは裏腹に、今のままの遊び場の環境では「できなかった」という経験や心残りが、Ｃさんに蓄積されてしまうことがとても気になりました。そこで２学期単元では、いつも以上にＣさんのチャレンジしたいという気持ちを発揮させ、かつ怪我を防ぐための配慮あるいは環境づくりに時間をかけました。

■「やりたい！遊びたい！」と本領発揮の２年生

１年生の間に、３回の単元を経験し、遊び場でふるまい方をすっかり自分のものにしたＣさんです。２年生になるころには、教室から遊び場のある体育館や外に移動するタイミングで既に我先にと言わんばかりの様子で、また笑顔で先生の手を引きながら、出かける様子が増えていきました。遊び場でも、ふらふらしていた昨年度よりも踏みしめがしっかりし、体幹・下肢の状態がよくなります。

登って

先生や友達に手を振り

安定した座位で滑る

このころには滑り台をはじめとした高さのある遊具や上下運動を伴うシーソーなどをより好んでいました。小学部教員全員でケースカンファレンスを行った際、「Ｃさんにとって今はまっている遊具はなんだろう」と投票をすると、多い順に「滑り台の滑るところ」「滑り台の上る坂」「上り棒」という結果。約１か月の遊び単元ではＣさんにとってマンネリ化してしまいそうな姿もありましたが、安心して遊べる滑り台を中心に、その他にも「すぐにはできない」「どうやったらいいのか」とＣさんがちょっと悩む、難易度の高い遊具（例えばボルダリングやはしご）も出していく中で、たくさん歩いて登って降りる経験を重ねていきました。

■歩行もすっかり安定し、教師の見守りが少なくなる中で、様々な遊具や遊び方にチャレンジしていった中学年～高学年

小学部中学年のころまでは、やはり、危険な事態が起きてしまいそうなこともあり、引き続き、教師が近くで見守っていましたが、徐々にそうした姿は減って

いきました。急な坂も自分一人しっかりと足を踏みしめながら（右写真）、駆け上がることもできるようになりました。もともと人への関心も高かったCさん。移動時や遊具を使っている時のバランス感覚の不安さがなくなったこともあり、友達との相互的な遊びも本格的になっていきました。

しっかりと踏みしめて坂を登る姿

■やりたい気持ちを実現させるためにどんな調整を検討してきたか

比較的意思がわかりやすいCさんでしたが、一方でその気持ちに寄り添ったり、思う存分力を発揮してもらうためには、いくつかのポイントがあったのではないかと振り返って考えます。特にCさんが行いたい遊具の企画では、最大限に安全を考慮に入れて作りますが、他児も一緒の環境の中では、「危ない」を完全になくしてしまうことは、他の子供がチャレンジしたいことすらなくしてしまうことにつながってしまうので、全体を見るバランス感覚がとても求められました。

また計画立案や細かい評価の点では担当制にしていますが、実際の遊び場面では小学部全体として子どもたちを理解して、支援ができるよう、遊ぶ相手は固定しないことを重視してきました。一方で、Cさんの場合には一瞬目を離したすきに、転んでしまう可能性あったため、より慎重にCさんへの意識を向けたり、またCさんにとってリスクのある遊具を、単元開始前、進行中にしっかりと教師間で共有することが重要だったと考えます。

コラム column 4

音楽教育における即興的で応答的な音遊び

「誰一人取り残さない」持続可能で多様性と包摂性のある社会の実現を目指したSDGsを、音楽教育にもあてはめてみると、多様なニーズを持つすべての子どもが、安心して音楽活動に取り組み、柔軟な方法で表現できる環境が保障され、その表現には間違いがなく、その場に集う者同士が互いの表現を認め、受け止め合うことによって、「誰一人取り残さない」音楽活動を展開することができると考えられます。これは、ユニバーサルデザインの7原則にあてはめることもできます。こうした「誰一人取り残さない」音楽活動のひとつとして、**即興的な音遊び**を提案します。

2017年告示の特別支援学校学習指導要領では、小中学校等の各教科の学びの連続性をふまえて、「A表現」「B鑑賞」の二つの領域が示され、「A表現」に初めて「音楽づくり」が明示されました。小学部の1段階では、従前の学習指導要領と同様に、音楽遊びが位置付けられています。2段階では、音を選んだりつなげたりして、**音遊び**をすること、教師や友達と一緒に簡単な音楽をつくることなどをねらいとすることが明示されています。学習指導要領解説では、「**音楽的な約束事**を決めて音で表現していく『音遊び』と、

一人一人と音を介した即興的な会話

遊びの中で自然に音や音楽に気付き自分なりに表現していく『音楽遊び』とは違う概念として用いていることに留意する必要がある」と述べられています。つまり、ある一定の「音楽的な約束事」があることによって、音遊びが音楽づくりへの礎となっていることが読み取れます。ここで述べられている「音楽的な約束事」の一つとして、〔共通事項〕音楽を形づくっている要素に着目してみると、「3指導計画の作成と内容の取扱い」(2)のコに示す「(ｱ)音楽を特徴付けている要素」及び「(ｲ)音楽の仕組み」ですが、このうち「(ｲ)**音楽の仕組み**」には、㋐反復、呼びかけとこたえ、変化、音楽の縦と横との関係など、と明示されています。筆者はこうした音楽の仕組み、なかでも「呼びかけとこたえ」に着目し、子どもと音を介した会話による即興的な音遊びを展開することによって、子どもが自由に表現を楽しみ、音に応答する様子を見ることができました。

子どもの遊びは、本質的に即興的で創造的である（Sawyer, 1997）ことから、即興的な音遊びは、自分のイメージや感性に基づいて創造的に表現することができ、専門的なスキルの有無に関わらず、すべての子どもが等しく主体的に表現できるものです。Sawyer（2004）は、即興を通して、教えることが理解でき、教えることもまた即興であることを論じていますが、教師自身も自ら即興することを経験することによって、自分の表現を肯定的に捉えるとともに、子どもの表現を読み取り、それを即興的に支えることができるようになるといます。ぜひ、即興的で応答的な音遊びを取り入れて、子どもと新しい音楽の世界をつくりあげてください。

（駒　久美子）

【文献】

Sawyer, R. K. (1997). Pretend Play as Improvisation: Conversation in the Preschool Classroom. Psychology Press. NY.

Sawyer, R. K. (2004). Creative teaching: Collaborative discussion as disciplined improvisation. Educational Researcher, Vol.33 Issue2.

文部科学省（2017）特別支援学校小学部・中学部学習指導要領

文部科学省（2018）特別支援学校学習指導要領解説　各教科等変（小学部・中学部）

コラム5 column 知的障害児の遊びとその指導

知的障害児の遊びとその指導について、重要と考えられる事柄を以下に述べます。私は、乳幼児期の発達段階にある幼児・児童・生徒における遊びの指導の重要性と指導実践の問題点をほぼ20年前に指摘しました（北島, 2003）。それから随分と年月はたちましたが、遊びの発達や知的障害児の指導における重要性は、今もなお変わらないと考えています。

1 「遊び」の重要性

乳幼児期の発達段階にある子どもにとって、遊びは発達を主導する活動であり、そこには、子どもの個性や発達の最近接領域が表われると言われます。そのため、遊びの中での子どもの姿には指導のヒントが沢山あります。子どもの遊び（自由な場面で子ども自身が何に関心をもち、どんなことをするのか）をよく参加観察することは重要です。近年、子どもの育つ環境の変化に伴い、子どもの遊びが貧弱になっていると言われます。子どもたちが思う存分活動できる環境を家庭や保育・教育の場で用意したいです。特別支援学校では、いわゆる「休み時間」と呼ばれる自由な空き時間は、諸々の理由から設定しづらいのですが、教師は安全確保に留意して子どもを自由に遊ばせ、その活動に一緒に加わってみると、子どもの思わぬ一面に気づかされることがあると思います。

2 遊びの指導

学校教育においては、「遊びの指導」と「遊びを通した指導」の両者を区別して教育課程に位置づける必要があると考えます。いずれでも、そこで子どもが感じる喜び、楽しみ、面白さや自発性を損なうことがない配慮が必要です。また、子ども－教師関係ばかりでなく、子ども－子どもの仲間関係作りにも目を向けると指導に広がりが生まれます。

3 今後の課題

ICTの普及に伴い、教師側からは遊び指導におけるICTの活用が、子ども側からはタブレット端末の利用法の獲得等が一つの課題となると思います。また、放課後等デイサービスの展開に伴い、子どもの生活環境、家庭での過ごし方も大きく変化してきています。遊びを通して得られる情報の共有化を中心に連携・協力も新たな課題となります。

（北島　善夫）

【文献】
北島善夫（2003）障害児教育における遊びの指導. 障害者問題研究, 31, 81-86.

第 5 章

「遊びの指導」Q＆A

遊び場の中で、決められているルールはありますか？どうやって子どもに伝えていますか？

A　ルールとして明文化していることはありません。ただし、子どもに守ってほしいことを教師間で共有しています。

■基本的には「ルールを教えなくてもいい」場づくりを

本校では基本的に、ルールを設けてそれを守るよう指導するよりも、子どもが自由な発想で遊ぶことを支え、それにより学びが生じることを重視しています。そのため、子どもが思い思いに遊べる広い場を設け、事故やケガにつながる危険は基本的に場から排除することで、行動を制限するような明文化されたルールを作らずに済むようにしています。

ただし、明文化し子どもに伝えているルールがないと言えども、「これだけは子どもに伝えよう」と教師間で共有していることがあります。

■教師が教える遊びのルール①：「リスク」を避けること

本校では危険について取り除くべきものを「ハザード」、子どもが判断して避けてほしいものを「リスク」と捉えています。ハザードについてはあらかじめ場から排除しますが、リスクについては子どもがそれを回避するよう、教師が指導・支援を行います。リスクとハザードについてはP42をご参照ください。

■教師が教える遊びのルール②：日常生活と同様の決まりごと

遊びの指導でも、子どもの実態に応じて普段の生活での決まりごとを伝えています。以下に例を挙げます。

- 友達を故意に傷つけない
- 必要に応じて水分補給を行ったりトイレに行ったりする
- 授業時間は場から離れない　等

子どもがこれらの決まりに応じられない場合も、「なぜそうなのか」を子どもの視点で考え、対処することが肝要だと考えます。

子どもは、どうやって授業の振り返りを行っていますか？

A 帰りの会でクラスごとに遊びを振り返る、授業の始めに前日までの授業の写真を見る、昇降口等に掲示される写真を見る、配布された便りを見る、などの方法で行っています。

■「授業の終わりに、皆が集まって」とは違う振り返りを

自由遊びが主という授業の性質上、授業の場で集まって振り返りを行うことはしていません。おそらく、自由に遊んでいた場での活動を終えてそのままふり返り活動を行えば、「もっと遊びたい」という子どもの思いを制止せざるを得ないでしょう。それでは「振り返り」に身が入らないでしょうし、子どもの「遊びたい」という思いはできるだけ尊重したいと考えています。そこで、本校では以下の方法で振り返りを行っています。

■帰りの会でその日の遊びを振り返る

帰りの会に遊具が一覧になったプリントを見ながら、「その日は何で遊んだか」「何が一番楽しかったか」を一人ずつ発表します。もちろんプリントを使わず自分の言葉で発表する子どももいます。教師が「○○さんは、△△して遊んで、楽しかったね」などと代弁することもあります。

■授業の始めに写真を見る

授業の導入でビデオを見る前に、前日の遊びの様子を写真で振り返り今日の遊びへの期待感を高めます。

■ 昇降口に写真を掲示する

昇降口の壁一面に写真を掲示します。小学部の子どもはもちろん、送迎する保護者やきょうだい、他学部の先輩も写真をよく見ています。

■「遊び場ニュース」を各家庭に配布する

子どもたちが遊ぶ様子を紹介する「遊び場ニュース」を単元中に２枚と、単元初日に帰りの会でも使用している「遊具一覧」のプリントを配布しています。保護者からは、「家庭で子どもとやり取りできるようになった」と言っていただいています。図5-1は実際に配布したものです。

つくって あそぼう！
みんなのまち

すべりだい
さか
ぱらしゅーと
だんすてれび
のりもの
しーそー
みにがっこう
ふたにゃんのいえ
はし
そざいこーなー
きらきらはうす
わくわくこーなー

千葉大学教育学部附属特別支援学校　2 月遊び場ニュース No.2　R4.3.1

つくって あそぼう！
みんなのまち

今年度の遊び場も最後を迎えました。小学部全員集合の「みんなのまち」!!とっても賑やかで良かったですね♪今回の遊び場では、「つくってあそぼう!」ということで、博士と一緒にダンボールのお家や乗り物などをたくさん作って遊んで・・・体育館はみんなで作ったものでいっぱいになりました!子どもたちは、きらきらハウスやすべり台など、さまざまな場所で好きなものを見つけて、思いっきり遊んでいました。笑顔がいーっぱいあふれた「みんなのまち」、とっても楽しかったですね♪次回の遊び場は6月です。次は何があるのかな?お楽しみに♪

すべり台の上までダッシュ！
先生！引っぱってー！
ロープをぎゅっ！
ひとりでのぼれたよ!!
ぐらぐら…竹の橋
ぼくのお気に入り♪
みんなでわいわい♪
大人気の「3匹のこぶた」
あー!!見つかっちゃった
おおかみがきたぞー！
お店屋さん開店！
いらっしゃいませ〜
「もしもし〜？」
電話中です
こちらは歯医者さん
虫歯はないですか〜？
「きらきらハウス」でお絵かき！
ブラックライトで光らせたり…
壁に描いてもらったり…
あ！お魚発見！
乗り物で通過しまーす！
はさみでちょきちょき…
たくさん切ったよ！
みてみて！
お気に入りのマークつけたよ！
つくった乗り物にのって…
みんなですべったよ！
水色のマント！
おしゃれだね♪
テープをぺたり…

図 5-1　遊具一覧（上）・遊び場ニュース（下）

高学年まで遊びの指導を行うメリットやデメリットはありますか？

A **異年齢の子どもが一緒に遊ぶことで相互の学び合いを期待しています。また、高学年でも遊びから多くを学ぶ子どもは少なくありません。ただし、遊びを卒業しつつある子どももおり、そうした子どもには「役割」を任せています。**

■異年齢の子どもたちが一緒に遊ぶことの意義

多人数の子どもたちが集まると、それぞれに多様な遊びを行います。子どもたちは、自分の遊びに熱中しながらも、友達の遊びをよく見ています。そして、友達を真似て難しい遊びや経験の少ない遊びにチャレンジする姿が度々見られます。

また、遊ぶ中で場や物を共有したり、譲ったりする姿も大切にしています。なかなか難しい場合もありますが、子どもによっては高学年になり経験を積むことで、低学年の小さい子どもとなら、共有したり譲ったりできるということがあります。

■子どもにとっての「遊び」の意義は、生活年齢で一律には区切れない？

子どもの成長・発達のスピードは様々で、高学年段階においても遊びから多くを学ぶ子どもはたくさんいます。

■遊びを「卒業」する子どもへの対応

しかし、中には、低・中学年と夢中で遊んできたとしても、本校で用意している環境で遊ぶことから興味が離れていく子どももいます。いわば、遊びを「卒業」する子どもです。そうした子どもへの対応はケースバイケースで考える必要がありますが、本校でよく行うのは、子どもに場づくりのための役割を担ってもらうことです。自分が用意したもので友達が遊ぶ姿を見ることは、「みんなのために役に立っている」という「自己有用感」につながると考えます。

高学年のＡさんがシャボン液を作り、補充する様子

第5章 「遊びの指導」Q&A

授業にBGMは使っていますか？

A　遊び初めには、ワクワク感を得られるようなBGMを流し、遊びの途中は、集中できるようにBGMを消し、場面の切り替えをBGMで知らせています。

■遊び初めのBGM

多くの子どもは期待感をもって、授業の場にやってきます。そのような楽しい気持ちをさらに盛り上げられるように、授業の始まりには5分程BGMを掛けています。BGMの音量は、数m離れた相手と会話ができる程度です。そんなに大きな音ではありません。実際の効果のほどはなかなか明確な形で説明はできませんが、BGMがあることで「今日も始まった」「今日は何をして遊ぼう？」という前向きな気持ちになることを期待しています。

■遊びの途中BGMをOFF

授業の始めのBGMが終わると、その後は一旦BGMを止めます。子どもが段々と遊びに夢中になってくるとBGMはあまり必要なくなります。また、音楽をかけて踊る遊びを行うにも、子ども同士がやりとりするにも、教師が子どものつぶやきを聞き逃さないようにするにも、BGMは無い方が良いと考えています。

■場面の切り替えのBGM

・設定遊び（授業中、スポット的に始まる教師主導の遊び）が始まる合図として、インパクトのあるリズミカルな曲をかけています。
・上記の設定遊びが終わって、自由遊びに切り替わる合図としてのBGMです。遊び初めのBGMと同じ曲をかけています。
・授業が終わり、片付けを始める合図としてのBGM。「終わり」を感じ取れるようなオルゴールの曲をかけています。

授業の始まりはBGMで気持ちを盛り上げて…

遊びに熱中してきたらBGMは一旦ストップ

場面の切り替えの合図はBGMで…

単元中、場に出している遊具を変えていますか？

A 子どもの様子に応じるため、単元中に設置する遊具を増やしたり、減らしたり、修正したりしています。

■子どもの姿に応じるための、単元中の場の改善

本校の遊びの指導では、子どもが自分で考え主体的に遊ぶことを通じて学びを得ることを重視しており、そのために教師は、子どもの意図を読み取り、応答的で臨機応変に関わることが大切だと考えています。そのために、単元の途中に遊具を修正したり、増やしたり、場合によっては減らしたりしています。配置場所の修正を含めて詳しくは「A（改善）」をご参照ください。

教師はどのような体制で授業に入っていますか？子どもについていますか？それとも場についていますか？

A 基本的には、どの教師がどこに入るかは予め決まっていません。ずっと担当児についている、というわけでもありません。必要なことを共通理解したうえで、声を掛け合いながら各自が臨機応変に動いています。

■子どもの姿に応じるための、臨機応変な関わり

本校の遊びの指導で重視しているのは、主体的に生き生きと自分で考えて遊ぶ子どもの姿です。これを引き出すためには、教師は子どもと同じ目線で一緒になって遊ぶことが必要と考えています。そのためには、教師が「指導せねば」という構えをもたずに子どもと関わることが必要で、それを助けるために教師の動きを予め決めずに臨機応変にしている、ということです。詳しくは「D（実施）」をご参照ください。

■例外1：安全面への配慮

高さのある遊具やはさみを使う遊具について、安全管理担当の教師を設定することがあります。

■例外2：子どもの実態への配慮

てんかん発作のある子ども、歩行の不安定な子どもに対しては、その子ども担当の教師を設定することがあります。

遊びの指導では何を授業の指導目標にしていますか？

A　遊びの指導では社会性・認知・運動の発達に関すること、そして情動面に関することを、授業の目標・評価規準としています。

■「遊びの中での学び表」

本校では、遊びを通じて子どもはどのような学びをしているかを「遊びの中での学び表」という資料にまとめ、授業における評価規準としています。本校の遊びの指導の授業では、子どもの主体的な遊びを丸ごと受け止め、ねらいにはこだわり過ぎずに、広い視野で子どもの学びを見ようとします。その際、こうした評価規準が明示されていることが非常に重要です。「遊びの中での学び表」について、詳しくは「C（記録・評価）」をご参照ください。

遊びの指導と各教科・領域との関係はどうなっていますか？

A　評価規準に教科や領域の内容を対応させ、授業で子どもがどの教科等を学んだかが分かるようにしています。

■子どもの学びを教科等の視点からも理解できるように

Q7の回答にあるように「遊びの中での学び表」の項目は、認知・社会性・運動の発達の領域から分類されています。子どもの遊びから学びを見取るにあたり、教科等ではなく、発達の視点で見る方が良いと考えたためです。しかし、教科等の視点をもつことは他の授業や、中学部へのつながりを明らかにするために重要です。そのため、例えば評価規準の「友達と場を共有する」という項目は、教科でいうと「生活」の「エ 遊び」だというように、どの教科等の学習を行ったか分かるようにしています。詳しくは「C（記録・評価）」、遊具集をご参照ください。

■教科等の教育は教育課程全体で

評価項目を教科等の内容と結び付けた結果、本校の遊びの指導で扱いやすい教科等と、そうでないものが浮かび上がってきました。本校では遊びの指導ですべての教科を扱おうとはしていません。他の授業を含め、教育課程全体の中で、適切な内容を学習できるようにしています。

同じ遊具、同じ遊び方を続ける子どもについて、どう考え、対応していますか？

A　**子どもの行っている遊びは本当に「同じ遊び」なのか、子どもの目線から見る必要があります。働き掛けると決めたら、「子どもの世界」に教師が入っていくような関わりを心掛けます。**

■子どもの遊びの「質」を見る

ずっと同じ遊びを続けているように見えても、実は、遊び方がどんどん変化していることや、友達の模倣をしていたり、場や道具を共有していたりと、遊びを通じて様々な学びをしていることがあります。「同じ遊び」と決めずに、その遊びの質を見ることが必要です。

遊びの「質」を見るためには、授業の記録として子どもの様子を丁寧に記述し、教師間で共有することが必要です。時間ごとの成果にこだわり過ぎず、長いスパンでの変化を見ることが必要な場合もあるでしょう。

■子どもが退屈しているように見えたら

同じ遊びを続けている子どもの中には、「何をすべきか分からず、退屈しながらも遊びを続けている」、または「不安があり、他の遊びにチャレンジできない」という場合も確かにあるでしょう。その際に教師は次のようなことに気を付けながら子どもに関わっていきます。

- **子どものタイミングを掴む**

  子どもが今、何に注目しているかを見ながら、それに合わせて遊具を持って来たり、隣で遊んで見せたりして興味が芽生えるきっかけを作ります。

- **子どもの遊びを真似る「逆模倣」**

  子どもの遊びを、教師が隣で真似して見せること、つまり逆模倣をしてみるのも良い手段です。逆模倣は、子どもが大人に注意を向けるようになるだけでなく、子どもが何を楽しいと思ってその遊びをしているのかを推察するための方法にもなります。

自由遊びの途中で設定遊びを行っているのはなぜですか？

A **設定遊びをすることで、自由遊びの子どもの遊び方が変化することを期待しているため、交互に行っています。**

■設定遊びを行う意図

子どもが各々で好きな遊びを選択しながら活動する自由遊びに対して、設定遊びは教師が主導して皆で集まって行う遊びです。設定遊びを行うに当たり意図していることは、「教師が指導的になることを避けつつ、子どもに対し教師が行ってほしい遊びを伝える」というものです。もちろん、設定遊びに参加すること自体も大切にしたい姿なのですが、それにより、子どもには設定遊びで行った遊びを自分なりに消化して自由遊びの中でもやってみてほしいと考えています。

設定遊びについて詳しくは「D（実施）」をご参照ください。

コラム column 6 自立活動の指導と「遊び」の活用

障害のある子どもは、その障害によって、日常生活や学習場面において、様々なつまずきや困難が生じ、障害のない子どもと同様に心身の発達の段階等を考慮して教育するだけでは十分とは言えません。そのため、特別支援学校の教育課程においては「自立活動」という特別の指導領域が設けられています。

自立活動の指導は、子ども一人一人が「自立」を目指し、障害による学習上又は生活上の困難を主体的に改善・克服しようとする取組を促す教育活動であり、子どもの障害の状態や発達の段階に即して指導を行うことが基本です。自立活動の内容は、人間としての基本的な行動を遂行するために必要な要素と、障害による学習上又は生活上の困難を改善・克服するために必要な要素で構成されており、６つの区分（健康の保持、心理的な安定、人間関係の形成、環境の把握、身体の動き、コミュニケーション）に分類・整理されています。自立活動の指導に当たっては、子どもの的確な実態把握に基づき、個別に指導の目標や内容を定めた「個別の指導計画」の作成が求められています。

自立活動の指導を担当する教師は、障害のある子どもの「自立」に向けた主体的な学びを促進するために「遊び」を幅広く活用しています。本書では、子どもの主体的な学びが生まれやすい遊びの活用例の１つとして風船バレーを紹介します。風船バレーは、風船をボールとしてバレーボールを行う遊びであり、障害のある子どもの授業でよく用いられるものです。教師は、自立活動の６区分と風船バレーを関連付けて指導の目標と内容を設定することができます。子どもは、風船バレーを行う中で、自分ともの（風船）、自分と他者との位置関係を把握する力を身に付けることができます（環境の把握）。また、ボール遊びを楽しむ中で、姿勢や動作、そして移動に関する技能を学ぶこともできます（身体の動き）。そのほかに、コミュニケーションや人間関係の形成の指導にも繋がりやすいです。障害のある子どもとの授業や実践を行う際に、自立活動の６区分と「遊び」を活用してみましょう！自立活動の６区分については、「特別支援学校教育要領・学習指導要領解説　自立活動編」を参考にしてください。

（任　龍在）

コラム column 7 北欧の学校と療育

インクルーシブ教育理念を掲げる北欧において、特別な教育的ニーズのある子どもたちの療育には各国の独自性が見られます。いずれの国にも共通して言えるのは、障害児のための特別な幼稚園や保育所はないことです。障害やその他の事情で配慮が必要な場合、安全性や環境整備の観点から定型発達児とは異なる場で活動が行われたり、より小さなグループを構成したり、職員を加配するなどの工夫がなされます。フィンランドではネウボラ（子育て世代包括支援センター）が、デンマークとノルウェーでは教育心理センターが保護者や園の相談にのり、子どもを支援サービスに結びつける調整を行います。日本の児童発達支援センターに相当する障害児通所施設はなく、園で遊びを通じて発達を促します。さらなる支援が必要と判定されれば、理学療法や作業療法、言語療法の専門家や、保健師などが園を巡回する場合もあります。

一方、スウェーデンではハビリテーションセンター（再生ではないため Re はつけません）が障害幼児の療育を行います。子どもたちは個別支援計画に沿って、1週間など集中的に、あるいは、週に数時間などスポット的にセンターで機能訓練や療育に参加します。ただし、スウェーデンにおいても子どもの発達を促すのは園での遊びなので、写真のように、重度障害のある児童は様々な素材の玩具を使って遊んだり、遊びの中でバランス感覚を養います。また、スウェーデンとノルウェーの園

就学前学校の中にある重度障害幼児のための特別保育グループ（スウェーデン）

は教育機関として位置づけられるので、ナショナルカリキュラムの教育目標に沿って遊びが展開されます。ドキュメンテーションを活用し、活動を評価し、子どもの発達を促進するよう努めます。

そして、子どもたちが園から学校へ移行するために重要な機能を果たしているのが就学前学級です。学級は園内か小学校内のいずれかに設置されていますが、地域によっては園・学級・学校・放課後児童クラブが同じ敷地内に集まる複合教育施設もあります。他方、ノルウェーは就学前学級を小学校に組み込んだため、小学校に７年間通います。１年生は他国の就学前学級と同様の役割を担い、きまりや集団生活を獲得する学年であり、緩やかに学校生活に慣れていきます。

加えて、小学校低学年では、日本の総合的な学習や生活単元学習に相当する教科を合わせた指導が展開されるケースが少なからずあります。就学前学級から小学校入学後にかけて子どもの学びたいという気持ちを育てながら段階的に学問の方向へと導いている印象です。大々的に進めているのがフィンランドで、特に年少者は身体の弛緩を取り入れることで、子どもの集中力や能率を高めるような授業づくりが行われます。

（石田　祥代）

好きな座位で学ぶ小学校低学年の授業風景（フィンランド）

おわりに

「遊びの指導なんて経験ないですよ。大学の授業でもちょっと聞いたくらいです」
「教えるなら分かりますよ。でも授業で遊ぶんですよね。えっ、大人も遊ぶんですか」
「子どもに活動の主導権を渡しすぎると、色々と心配なんです」

皆さんの周りでは、こんな声は聞こえてこないでしょうか。他方、千葉大学教育学部附属特別支援学校では、生活単元学習として遊び単元を行っていたころから、遊びの指導を展開してきました。そのため、本校では、こうした声や意見は一切存在しません。

…ということを期待された読者がいるかもしれませんが、これは真実ではありません。本書の執筆者たちも、本校に来るまでは、大なり小なり、皆さんと同じように上記のような疑問や悩みを持っていたものの一人でした。赴任して最初の単元では、「大人は何をすればいいの？」と立ちすくんでしまうこともありました。ちょっと慣れてきても「どうやって楽しく遊べばいいんだろう」「この子は本当に楽しんでいるのかな」と悩みは増えていくばかりです。

でも、なぜか実践を積み重ねていく中で、いつの間にか「遊びの指導」に慣れ、魅了され、楽しむようになっているのです。気づいたころには「ひとりひとりに適当な環境が用意されれば、子どもたちは遊び場に主体的に向かっていき、その中で（も）しっかり学んでいける」という安心感や子どもたちに対する信頼感・期待感を持つようになっています。自分たちの身に起きているこの不思議なプロセスの背景には一体何があるのだろうかということを含めて、遊びの指導の実践方法、意義や魅力、知的障害のある子ども（あるいは障害の有無を問わずすべての子ども）にとっての必要性を、言葉にし、様々な方と議論したいと考えるようになり、本書の企画に至りました。

本書執筆のメンバーには、遊びの指導の実践に携わって10年近く経過した者もいます。当時に「本書のような形で実践をまとめることをイメージできたか」と聞かれれば、皆が口々に「NO」と言っていたでしょう。なぜなら、この10年近くの間は、自分たちの実践の立ち位置を見失いそうなほど、本校遊びの指導の実践に対して『荒波』『逆風』が吹いたように感じていたからです。例えば、本校が採用していた大きなランド型の環境に対しては、働き方改革という波が覆いかぶさりました。子どもたちが「せいいっぱい、めいっぱい」に体をいきいきと動かすために、大きな環境を緻密に作ってきたわけですが、歴代の諸先輩方が導いてきた遊び環境の規模は、「持続可能性」という名のもので（それ以外の影響もありますが…）、年々縮小傾向にあります。また、学習指導要領の改訂は、私たちの遊びの指導の実践に大きな影響を及ぼしています。「ねらいではなくねがいを持って、自らも夢中になりながら遊びを支える」という代々の言葉には、遊びにはこの子たちの生涯（自立と社会参加）に向けて大事にしなければならないたくさんの意味があり、それを経験を通して学んでいくことが求められていたのだと思います。しかしながら、現在は「子どもたちの遊び場での経験と学びが、『教科』の視点からどう位置づくのか」についても、頭の中で意識し、それを言葉で示すことが求められています。一見するとベクトルが違うこの理念を、一人の実践者の中で両立させることは簡単なことではありません。実践の「形」を変えるのか、実践で大切にしたいことの「中身」を変えるのか。時代が求めていることと、時代を超えて普遍的に大切にしたいこととの調整に悩んだ10年だったと言えるのかもしれません。

ただ、ありがたいことにこのような悩みがありつつも、子ども同士、子どもと大人、大人同士のほどよいリラックスした関係の中で、授業中も放課後も遊びの指導を楽しみ、活発なアイデアを日々交わし合うことができました。子どもへの信頼感・期待感だけではなく、同僚への信頼感・期待感も大きな支えになっていたのだと思います。これに支えられ、「逆風・荒波が過ぎるのをただ待って耐えるのではなく、揺さぶられながらも乗り越えよう！」というスタンスの下、少しずつ実践を言葉・文字として紡ぎ出し、公開研究会や特殊教育学会での自主シンポジウムで全国の皆さんと共有させていただきました。ここ数年は感染症というまた別の逆風が吹き荒れ、議論が停滞してしまった部分もありましたが、そのような中だからこそ皆様からいただいた言葉が身に染みています。

本書は自分たちの実践をぽつぽつと書き記したものですが、「形にできたから終わり」ではありません。今この瞬間も、「これしたら面白いんじゃない」「こんな遊び見つけたけど、○○くんだったらどんな遊びになるかな」と、新しい遊びや遊び方に出会い、学校にいる子どもたちに思いをはせ、実践を創り出している先生方が、きっと全国各地にいらっしゃるはずです。終わりではなく、始まりとしてこの書籍が位置づくことを願っていますし、遊びの指導あるいは合わせた指導に関する議論が継続することに、本書が少しでも貢献できたら、我々一同嬉しい限りです。

本書をまとめるにあたり、公開研究会の研究助言者の先生方ならびに特殊教育学会自主シンポジウムでの指定討論者・話題提供者の先生方をはじめとして、全国の先生方からたくさんのご指摘をいただきました。また、千葉大学教育学部学校教員養成課程の特別支援教育コースならびに乳幼児コースの先生方からは、様々な話題からコラムをご寄稿いただきました。関係する皆様に重ねて御礼申し上げます。

また、ジアース教育新社の加藤勝博様をはじめとして、西村聡子様、市川千秋様には、企画の段階から、本校の思いを汲んでいただき、書の形にしていただきました。心より感謝申し上げます。

最後に、日々私たちの予想を超えて環境に向かい、楽しい姿を見せてくれる子どもたちから学ばせてもらった結果がこの書です。彩り豊かな遊びの経験を糧に、今後も飛躍していくことを願っています。

菅原 宏樹・名取 幸恵・真鍋 健

執筆者一覧

【編著】

真鍋 健　千葉大学教育学部学校特別支援教育コース 准教授

菅原 宏樹　千葉大学教育学部附属特別支援学校 教諭

名取 幸恵　千葉大学教育学部附属特別支援学校 教諭

【執筆】

＜はじめに＞

辻 耕治　千葉大学教育学部附属特別支援学校 校長、
千葉大学教育学部 中学校コース（技術科教育分野） 教授

＜第１章＞

菅原 宏樹　前掲

真鍋 健　前掲

＜第２章＞

菅原 宏樹　前掲

名取 幸恵　前掲

濱野 夏緒李　元千葉大学教育学部附属特別支援学校 教諭

丹野 祐介　元千葉大学教育学部附属特別支援学校 教諭

＜第３章＞

真鍋 健　前掲

菅原 宏樹　前掲

＜第４章＞

菅原 宏樹　前掲

丹野 祐介　前掲

上原 優太　元千葉大学教育学部附属特別支援学校 教諭

菅　悠彦　千葉大学教育学部附属特別支援学校 教諭

真鍋 健　前掲

<第５章>

菅原 宏樹　前掲
丹野 祐介　前掲

なお、本書は上記執筆者を中心に作成しましたが、平成26年頃から現在に至るまで本校に在籍した多くの教職員との授業づくりをもとにまとめたものです。

<コラム>（掲載順）

宮寺 千恵　千葉大学教育学部 特別支援教育コース 准教授
細川 かおり　千葉大学教育学部 特別支援教育コース 教授、
元千葉大学教育学部附属特別支援学校 校長
（平成30年～令和4年度）
砂上 史子　千葉大学教育学部 乳幼児教育コース 教授
駒 久美子　千葉大学教育学部 乳幼児教育コース 准教授
北島 善夫　千葉大学教育学部 特別支援教育コース 教授、
元千葉大学教育学部附属特別支援学校 校長
（平成25年～平成29年度）
任 龍在　千葉大学教育学部 特別支援教育コース 准教授
石田 祥代　千葉大学教育学部 特別支援教育コース 教授

<イラスト>

菅原 宏樹　前掲

ワクワクしながら子どもが育つ

千葉大学教育学部附属特別支援学校の

「遊びの指導」とは

2024年3月15日　初版第1刷発行

編　著　真鍋　健・菅原　宏樹・名取　幸恵
　著　　千葉大学教育学部附属特別支援学校

発行者　加藤 勝博
発行所　株式会社 ジアース教育新社
〒101-0054
東京都千代田区神田錦町1-23 宗保第2ビル
Tel：03-5282-7183
Fax：03-5282-7892
E-mail：info@kyoikushinsha.co.jp
URL：https//www.kyoikushinsha.co.jp/

デザイン・DTP　株式会社 彩流工房
印刷・製本　　シナノ印刷 株式会社
○定価は表紙に表示してあります。
○落丁本・乱丁本はお取替えいたします。
ISBN978-4-86371-676-6

Printed in Japan